L'AZUR POURPRE

Recueil d'aphorismes

QUATRIEME DE COUVERTURE

L'AZUR POURPRE

Recueil d'aphorismes de Benoit
BERKO

Poursuivre l'histoire occidentale en initiant de
nouvelles pensées, voilà le socle de cet ouvrage
qui, à partir du passé, pose un regard sur le
présent, et, à l'aube de cette fin de cycle
décisive, pressent un renouveau.

Cette synthèse indo européenne est aussi un
regard particulier, celui de son auteur, sur la
métaphysique occidentale. Il la démystifie en

revenant à la source du destin, notion finaliste présocratique.

Au travers de thématiques accessibles et parlantes comme la morale, l'éthique, la philosophie, la spiritualité, la satire, l'art et enfin la poésie, c'est aussi un regard sans concession sur notre époque contemporaine.

SOMMAIRE

4

POESIE

PREFACE

L'occident vit en ce moment une fin de cycle décisive.

Le monde également puisque la mondialisation est d'origine occidentale.

Il meurt comme il l'a fait souvent mais la manière est particulière : par le mépris de soi.

A une époque où, en son sein, tout ce qui n'est pas occidental est mis en avant, il approche de sa dernière heure.

Nietzsche l'écrivait : « Il n'y a rien de pire que le mépris de soi. »

Cependant je présage un renouveau qui l'entrainera dans une phase millénaire d'expérimentation de l'âme humaine, de son destin et de sa fonction sur terre.

Lui qui aura eu le génie de sa fuite, par sa perpétuelle agitation, loin de la sagesse extrême orientale qui enseigne, elle, l'immobilisme, sa conquête du monde le ramène de nouveau à lui-même.

En effet, si l'époque contemporaine est troublée à juste raison compte tenu de politiques antagonistes à la nature même de cette civilisation multi millénaire, ce Golgotha pourrait bien déboucher sur une résurrection.

La laïcité, récente somme toute, n'a pu empêcher d'être emprunte de ce que j'appelais dans un bulletin : de l'ombre des ruines du christianisme. Même moribond et surtout manquant, planait sur tout l'occident, sur cette mondialisation effrénée, le spectre chrétien.

Car cette civilisation meurt aussi intérieurement aujourd'hui de son excès de bonté. Cette éthique mortifère moralement critiqué par Nietzsche.

Mais qu'on ne s'y trompe pas : si l'époque actuelle est toujours romaine trop romaine, elle est aussi celle de la décadence, de la dégénérescence et de la barbarie comme le hiérarchisait Giovanni Pico della Mirandola et comme nous le prouvent les évènements actuels.

Tout semble à croire que l'Europe retournera dans son berceau d'origine : des royaumes divers et variés mais toujours soudés par un christianisme et une laïcité qui en est la fille contrariée.

Il ne peut en être autrement. On ne redevient pas soi même en s'identifiant aux autres, surtout s'ils sont différents à sa nature propre.

Il est loin le temps où Anaxagore discourait du cosmos sous le soleil, où Pythagore perçait la mystique des chiffres sur les bords d'une mer azur. Est venu le temps des légions. De la croix de Jérusalem à Constantin, qui légalise la secte sacrée, la pax romana n'est plus qu'un lointain souvenir. L'occident contemporain déclenche des guerres sans fin, il ne sait plus conquérir en paix.

Puis vint le mariage de la foi et du logos. Ce fut à l'époque du moyen âge. Cela échoua, la grâce ne fut pas, la peste terrassa, et la révolution prouva, en partie, que l'homme, peut, aussi, être tout puissant.

C'est là que le bas blesse. La sagesse extrême orientale des Vedantas (école philosophique indienne) recoupe la loi chrétienne. Si l'occident est si fort avec sa force (nucléaire), c'est qu'il tue.

Il ne lui vient pas à l'idée qu'il puisse en payer le prix.

La médiocratie actuelle, qui marche de paire avec la dégénérescence qu'on observe limpidement dans la plupart des productions artistiques mises en avant aujourd'hui sacralise la fin d'un temps. Certain y voit l'apocalypse annoncée, d'autre le progrès & une nouvelle étape de la modernité. Cependant, ce nihilisme officiel, l'absence de valeur, est, de mon point de vue, le progrès des faibles comme l'aurait dit Nietzsche. A défaut de faire du Nouveau, on inverse les valeurs traditionnelles ancestrales.

La famille, le mariage, les enfants, tout est combiné pour nous faire croire que d'un non sens peut déboucher un sens. Cela ne se peut. La plupart sinon toutes les « avancées » présentées aujourd'hui sont symbole de décadence morale.

La barbarie a déjà pris place, les attentats en sont une preuve tout comme les multiples « faits divers » sauvages qui sont autant de marqueur sociétal. Les barbares profitent naturellement d'une civilisation sur le déclin et qui, par sa dégénérescence, en a enfanté.

Le choc qu'eut la modernité sur les orthodoxes les amena à réagir et cela contribua à précipiter la déchirure. De juste milieu il n'y eu pas, partout excès. D'un côté on renie la tradition, de l'autre on la sacralise.

Religion, science, « modernité », toutes se combattent et c'est à qui criera le plus fort pour diriger. La partition se fausse et de chef d'orchestre il n'y a plus pense le ciel. Il pense juste.

Le savoir a failli. Il ne donne pas la grâce, c'est ce que l'humanité attendait de la mondialisation. A l'heure où on parle d'écologie, il ne faut pas oublier que ce « progrès » qu'on nous vante comme un âge d'or est, finalement, la première cause de pollution de la planète.

Au moment où tout craque et où l'ouroboros occidental se mord la queue, vient une douce voix, celle du Nouveau. On ne le voit pas encore mais on le sent. De nouvelles générations pensent différemment, attendent autre chose, qui n'est pas encore avéré mais qui pointe déjà.

Cependant le vide contemporain a abouti à de bruyants narcisses. L'égo, pour se protéger du néant, s'est dilaté. L'occidental ne sait plus penser donc il devient victime de lui-même. L'humilité qu'apprend tout savoir ou science a laissé la place à une vacuité qui fait des ravages.

Si le savoir n'est pas une condition sinéquanone pour être heureux, l'ignorance non plus...

La vieille société occidentale, jeune par son esprit, est en retard sur le 21 ème siècle. L'espoir comme l'écrivait Malraux sera dans sa capacité à renaitre, à se réinventer, et, il est prévisible, que ce qui est à venir, empruntera peu de chose au passé.

L'avenir est en marche, il se conjuguera bientôt au présent quand le passé lui cèdera la place.

On ne parlera alors plus de révolution, que Camus fustigeait à juste titre comme un simple retour sur soi, mais bientôt on ne se révoltera plus, d'autres générations emprunteront simplement une voie nouvelle.

Ce sera celle du 21 ème siècle qui se fait attendre sur l'autel de l'achèvement de deux millénaires de pensée. Il sera spirituel ou ne sera pas. Ainsi soit-il !

Benoit BERKO

Ces aphorismes ont eu une période de création étalée dans le temps. Les premiers furent écrits, à l'âge de 29 ans, face à l'océan atlantique.

MORALE

L'occident aura eu le génie de sa fuite.

Le savoir c'est le pouvoir. L'inverse, non.

Le bien, le mal, ça ne s'apprend pas, ça se ressent.

Dans le mensonge réside toujours une part de vérité tout comme une vérité comporte son lot de mystification.

La raison n'a jamais aimé les hommes raisonnables. C'est son vice. La grâce déteste ceux qui la cherchent, c'est sa sagesse.

Comprendre le mensonge c'est expliquer sa raison. Rien de plus.

Lire c'est bien, écrire c'est mieux, réciter c'est là que réside le naufrage.

Le propre de rater sa chance c'est aussi de ne pas s'en être aperçu…

Le pouvoir qui avance à visage découvert est noble, celui qui manœuvre masqué est vil.

Les pauvres n'ont pas les moyens de faire des caprices, c'est ce qui rend leur commerce agréable quand les riches sont insupportables de caractère.

La bêtise est un lubrifiant nécessaire à l'alcool sec de l'intelligence.

L'idéaliste est un pragmatique qui s'ignore.

Le malheur est une valeur sûre à la portée de tous.

Que sont les lois sans l'esprit des lois ? Rien, une simple chambre d'enregistrement administrative dont la justice est le bras aveugle.

On ne progresse vraiment qu'en intégrant son passé et en vivant le présent en ayant l'avenir à l'esprit.

L'héroïsme c'est souvent accomplir ce que le commun juge être folie.

La mort rend service parfois ou non, sa peur est à double tranchant.

La perfection est nécessaire et évidente bien que l'idéal de perfection soit dangereux.

Quand on risque sa vie, le mieux est de ne pas y penser. Car on y repensera plus tard...

Il existe deux formes de prison : celle de l'esprit et la physique. La prison de l'esprit est terrible. Cependant, le cachot le plus redoutable est celui du cœur.

L'époque moderne est celle de la rébellion ou de la soumission, elle a eu l'audace de faire passer cela pour de la révolte et de la résistance.

Le mépris de soi passe par le mépris des autres;
et il n'y a rien de pire à redouter.

La vulgarité est l'antichambre de la violence.

Et après ? Vous dites que vous entendez les
choses ? Le bonheur ? C'est ce que vous enviez
chez les autres et que vous avez déjà. Votre envie
est une damnation.

La lucidité extrême ne connait ni bonheur ni
malheur.

Le pouvoir c'est aussi savoir donner du bâton.

Vous ne cherchez pas à comprendre mais voulez tout; il s'entend que vous n'aurez rien.

Il faut retenir le bon temps, mais ne pas occulter le mauvais.

L'homme a un respect immodéré pour la tradition; son erreur réside dans le sentiment, celui là même qu'inspire les temps sacralisés; il en oublie que cette tradition a été le fait d'hommes. Les errements de la tradition sont d'autant plus graves qu'on les voit gravés dans le marbre. L'erreur de la tradition est donc la plus dure à rectifier.

Un homme ne peut être compris ni aidé par quelqu'un qui l'admire. La solitude de l'idole est complète.

Pour comprendre une époque, il faut déterminer ses tabous et voir ce qu'ils cachent.

La sagesse des "anciens" n'est en fait, le plus souvent, qu'expérience de fourberie, le mensonge fait vivre longtemps, il n'apporte pas la grâce.

Quand les hommes relativisent la vérité c'est qu'ils sont soit relativistes, soit lâches, soit limités.

Justice : Nom féminin. Fait de rétablir la vérité en rendant jugement équitable et réparateur en vue de palier à la mauvaise foi humaine qui en est la cause.

Le sexe est tout simplement la part de vice qui est en l'homme et qui répond au masochisme humain. La femme y participe pleinement elle aussi.

La vérité a toujours déplu aux femmes. La plupart attendent de rêver quand les restantes s'accommodent d'être trompées.

La création de la justice s'est avérée nécessaire face à la mauvaise foi humaine qui n'a d'égal que le dégoût qu'inspire tout mensonge.

Un génie doit se méfier d'une chose : les médiocres qui sont un poison.

L'occident c'est une histoire qui commence bien mais qui finit mal...

Trop de défaites enlève la confiance et rend amer, trop de victoires trompe le jugement et rend hautain.

Le mensonge permet de vivre un peu plus longtemps dans l'illusion...

Bien souvent, il n'y a pas de vraies tragédies, que de fausses catastrophes.

Et le pur sera impitoyablement pris comme coupable.

Est-ce la température qui fait qu'on étouffe ce soir ? Non, c'est le pouvoir qui donne cette sensation quand il est discuté.

Plus les années passent et plus les différences se creusent irrémédiablement entre les êtres.

Dans toute notion de "mal", il y a certainement un "bien" qui n'a pu s'exprimer qu'en passant par son contraire.

Un homme se construit dans des instants intimes ; et ceux ci ne représentent qu'une partie infime de sa vie. Mais ce sont eux qui le marquent et le font.

Parler de soi ce n'est pas se livrer, c'est s'accepter et c'est déjà en soi libérateur pour mieux communiquer et partager.

La vie est un long couloir, trop exigu pour prendre la pause et s'asseoir, et trop bas pour se tenir debout. Les limites humaines qui tenaillent l'homme : « La mort d'une part, la douleur de l'autre ».

La justice ne cherche pas la vérité ; elle cherche un coupable.

Une morale et son éthique inhérente sont, comme toutes spiritualités, subtiles et non littérales.

On s'accommode plus facilement du crime que de l'injustice.

Ne pas renier sa solitude, c'est sans doute une des plus grandes libertés qui soit.

Certaines victimes se donnent un gage de respectabilité sur l'autel de persécutions passées et de la qualité de leur bourreau, seulement c'est à occulter le fait qu'il n'y a pas de lien moral entre le maitre et l'esclave à proprement dit en absolu, seulement une éthique de rapport de force. Si la morale peut discuter la force, en aucun cas il n'est avéré logiquement que le soumis soit plus recommandable que le maitre.

Tout fascisme se définit par le délaissement de la raison au profit du fanatisme. La raison y est donc prohibée, la logique représentant le garde fou à toute folie humaine.

Une époque totalitaire procède mécaniquement à une simplification de la pensée. Les cas particuliers et la complexité du monde lui sont étrangère, elle procède d'une caricature du réel en faisant mine de s'y adapter. En cela elle séduit les esprits faibles attirés par les explications simplistes.

L'époque contemporaine relève du mépris de soi et d'une inversion de valeurs, elle est « chrétienne » au mauvais sens du terme, on y voit la bonté partout et aucune pitié ni piété.

La discrimination positive, euphémisme dont le but est de dissimuler une loi raciale qui s'appuie sur des critères ethniques.

L'antiracisme relève à la fois du nihilisme, du fascisme, du racialisme et du non sens propre à la dégénérescence : jamais ce concept ne fut abordé par la métaphysique occidentale et pour cause : il n'a pas de raison propre.

Pour imager : autant dire que le bleu est supérieur au rouge ou que chien et chats peuvent s'entendre...

Si je ne m'étonne de rien, je ne me désespère pas de tout

Une logique saine intègre la mystique et son champ miraculeux. Une logique étriquée la dénonce comme irrationnelle.

Défendre une communauté auquel on n'appartient pas relève de la décadence, et quand cela va contre ses intérêts propres cela relève de la dégénérescence.

La véritable fierté est de s'excuser quand on reconnait son erreur.

L'autre, la vile, c'est l'entêtement égotique du petit moi qui veut avoir raison à tout prix.

Tu deviens ce que tu dénonces.

Tout le monde se nourrit de quelque chose. Pour certains, c'est la curiosité des autres qui les sustentent.

L'ignorance ne doit pas être une justification à la méchanceté.

A défaut de courage, on a la lucidité qui y pallie.

Je n'ai jamais été contre les académies mais contre l'académisme.

Souvent le regard du chat, contrairement à celui du chien dans lequel on y lit facilement les sentiments, ne laisse rien transparaitre. C'est cet aspect indifférent qui le rend mystique ou froid selon les uns ou les autres.

Rares sont les relations qui valent l'énergie qu'elles coûtent.

Seules les femmes savent se rendre indispensables à l'homme par milles détours et attentions calculées en retour de l'acceptation de leur présence.

Pour être juste dans son jugement avec soi même, il faut considérer sa vie à l'instant présent, comme si elle devait s'arrêter instantanément.

Les choses se décantent d'elles même inexorablement, qu'on le veuille ou non.

L'échange qui rencontre un écho à sa propre conscience est rare.

L'érudition ne sert à rien si elle dépouille de la simplicité.

Dans tout prosélytisme, il y a toujours une crainte de la différence ou de l'indifférence, du doute et de la solitude inhérents à ces deux notions ainsi qu'un certain manque de confiance en sa volonté propre.

Un sage est celui qui dit des vérités que personne n'écoutent; autrement dit, il pisse dans un violon; paradoxalement, un médiocre trouve toujours un public enclin à écouter ses inepties et à polémiquer sur des imbécilités.

Le respect c'est comme l'argent, tout le monde en veut mais peu de gens en donnent.

Il fallait s'accrocher au bonheur, du moins à l'idée qu'ils s'en faisaient, et ne plus le lâcher comme si vivre dans le malheur était inconcevable car honteux.

Bien souvent l'idée qu'on se fait d'une souffrance est plus dure à supporter que la souffrance elle-même.

C'est par les femmes qu'on apprend à connaitre ce que les hommes ne montrent pas.

Ce n'est pas la raison qui commande en ce bas monde mais la folie.

Plus on parle du mal, plus on désire contrer Satan, plus on lui fait de place et on l'honore.

Un seul mot peut légitimer bien des silences.

La science ne comporte en elle-même aucune morale et éthique, c'est l'homme qui l'oriente à sa guise selon les valeurs de son époque. Voilà pourquoi elle ne sera jamais un progrès, il n'est de progrès que de pensée morale ou éthique.

Les plus petites choses ont leur importance, il faut donc être prudent et attentif au détail.

Les femmes sont blâmables, pas les mères.

Une conscience pure, ça ne laisse pas de trace.

Un ami c'est peut être simplement quelqu'un qu'on supporte.

L'espoir c'est ce qui rend la vie supportable ou insupportable.

L'habitude du malheur fait vite oublier les félicités du bonheur.

Peu de gens connaissent le poids des mots et celui du silence.

Ce qu'il faut comprendre dans ce jeu de dupe, c'est que celui qui ne joue pas gagne ou perd toujours. Cependant il reste vrai.

Car l'issue n'est pas de se lier et de se délier avec facilité, il faut accorder aux choses leurs valeurs exactes.

Et si jouer avec la vie revient à jouer avec la mort, c'est alors ne rien prendre au sérieux, tourner la dérision du monde et de sa signification.

La vie peut être prise comme un jeu mais, dans cette idée ludique, l'inconsistance se révèle davantage et ce qui en ressort s'en trouve flétri d'autant.

S'il est une certitude notoire, elle réside dans la fragilité du vital et du consistant.

Les gens ne détestent pas la vérité, bien au contraire. Ce qu'ils redoutent, c'est de la voir s'appliquer en jugement, cela les empêchant de vivre une vie de compromis et les vouant à une discorde perpétuelle.

L'homme modéré doit agir avec extrême contre les extrémistes.

Les instants de vie qui dérangent un homme lui sont nécessaires; ce sont eux qui déterminent et conditionnent ses moments de plaisir par force d'opposition; sans eux il n'éprouverait aucun soulagement ni félicité. Le paradoxe voudrait donc qu'on se réjouisse des mauvais moments à venir en sachant qu'ils provoqueront, par leur intensité, le soulagement futur.

Le temps est en cela si précieux qu'il est un révélateur de l'être. Celui qui prend conscience de son importance, vit pleinement.

Le paradoxe veut qu'il y ait une multitude de notions et concepts paraissant tous plus indispensables les uns que les autres. Ainsi sans la respiration on ne vivrait pas, mais sans la lumière non plus etc... Il semble qu'il faille comprendre que la vie est un tout homogène dont la moindre carence dans un élément de sa constitution déséquilibre l'ensemble.

Les animaux connaissent peu la folie et rarement la cruauté. L'homme aura eu la marque de se distinguer sur ces deux points. La faute à son incapacité à réaliser sa condition.

L'injustice contraint l'innocent à se justifier et laisse impuni le fautif, ce paradoxe est le plus révoltant qui soit.

Il y a ceux qui prennent et cherchent en eux et les autres, la plupart, qui prennent aux autres.

A vrai dire, il faudrait avoir la sagesse d'accepter ce que l'on ne peut changer mais quelle entière espérance n'a pas renversé ce que l'on pensait immuable ? Entre ces deux choix flotte le risque teinté d'incertitude.

Le contrôle dès l'enfance pour prévenir la criminalité relève à la fois de la paranoïa sécuritaire et du désir utopique et extrémiste de parvenir à une société "parfaite".

Il est difficile d'être juste avec sa famille et ses proches.

La famille est l'élément social le plus infantile, il est bon, pour les êtres accomplis, de s'en défaire à l'heure dite.

Une lecture karmique des liens familiaux montre qu'il est bon de mettre un terme à cette dépendance une fois le karma résolu.

On peut se passer de tout ce qui est extérieur en absolu. En relatif, il est nécessaire de composer.

L'Europe finira par revenir à ses régions d'antan : des royaumes multiples et variés. Ainsi est elle née, ainsi finira t elle.

L'élan vital est faible mais résistant.

Bien s'entourer est un plaisir dans les moments calmes, une nécessité dans l'adversité.

Les animaux, eux, savent si bien mourir ! L'homme peine, lui qui se croit supérieur !

La pensée n'est d'aucune utilité face à la mort. Elle ne sert qu'à une chose, s'en faire une idée, ce qui n'intéresse que le vivant, pas le moribond.

Le sexe tend à prendre la place que les sentiments ont délaissée.

Le rapport à la solitude est un révélateur de la personnalité de tout être.

Qu'attendez-vous pour renverser ces idoles ? L'admiration est une ineptie, une sacralisation étouffante, un renoncement à sa propre réalisation.

Un ami peut être un ennemi tout comme un ennemi s'avérer un excellent ami.

Je suis souvent tenté par la voix de l'isolement et de la méditation à l'écart du monde. J'essais d'y résister car il faut donner ce qu'on a à apporter aux gens.

La passion est faite d'adoration, de haine, de déraison, d'asservissement de l'esprit, du désir de posséder l'autre; elle est aussi envoutante que destructrice. L'amour, lui, est son contraire pur. Les individus ayant un penchant pour la passion ne sont donc pas en accord avec eux même, ceux optant pour l'amour ont trouvé leur osmose intérieure.

Un des plus grand ennemi de la femme c'est le temps qui entame sa jeunesse physique; seules quelques femmes, qui ont entretenu et maintiennent une jeunesse d'esprit suffisamment autonome de celle de leur corps, conservent une grâce et le charme inhérent à celle ci.

L'homme est bien le seul être vivant qui ne peut se résoudre à sa condition, le seul qui espère à ce point, le seul qui se plaigne sans cesse.

C'est à se demander pourquoi l'homme affuble la femme d'une pureté chimérique et sans justification. Celle-ci, désirant assouvir ses besoins sexuels, passe dans son esprit pour une salope.

Lorsqu'on ment, il faut mentir sur toute la ligne, la vérité on doit être le seul à la connaitre, il faut mentir des deux côtés.

L'état barbare se caractérise par la sauvagerie. Celle-ci devient hypocrisie à l'état civilisé.

La plupart des hommes sont foncièrement égoïstes. Il n'y a que la contrainte ou l'intérêt pour les rendre à l'empathie.

La nostalgie d'une époque doit beaucoup au fait qu'elle n'existe plus. De là nait un fantasme du passé. C'est une façon de renier la qualité du présent et d'avouer une certaine peur de l'avenir.

Dans une époque obnubilée par le gain et l'argent, on peut dire que le multiculturalisme aura été une aberration de par la présence du chômage de masse, il fut, dans une large mesure, contre productif de part les barrières de langues et de culture. On comprend mieux ses raisons mystiques dès lors, puis idéologiques.

Celui qui sait sustenter ses besoins en trouvant le recours dans son propre intérieur, celui là est le plus brave, le plus sage et le plus lucide des hommes.

Tu approcheras de la vérité quand ils crieront au mensonge ; tu veux sauver ton âme ? Tu la perdras ! Regarde le soleil, il n'a pas besoin de penser, lui, il éclaire et cela suffit. Car la grâce est dans l'immobilité, la pensée n'est qu'agitation. Aussi loin que tu iras, tu reviendras toujours sur tes pas. L'immobile échappe à cela, c'est son mouvement.

Il n'est de noblesse que dans l'extrême dénuement ou l'extrême opulence, toutes deux liées par l'indifférence. Entre réside la lie bourgeoise.

La mélancolie est peut être le symptôme de l'espoir et sans doute la conséquence de l'écart qui sépare ce qu'on voudrait être de ce que l'on est, de comment les choses sont et de comment l'on voudrait qu'elles soient.

Est ce que l'univers a conscience de lui-même ? Non. Voilà pourquoi la notion de perfection n'a de sens que chez l'homme. D'un point de vue cosmique, les choses prennent la place qu'elles doivent dans une logique où l'espoir et la volonté n'ont pas de sens, seule la force guide cet agencement. Ce désir d'idéal découle alors de la conscience humaine et de son aspiration à calquer l'abstrait et « parfait » ordre universel.

Il y a toujours mieux mais il y a aussi pire.

Il n'est pas difficile de faire scandale ; il suffit de dire les choses telles qu'elles sont.

Ecrire c'est s'expliquer avec sa conscience.

La misère humaine est incommensurable.

Les marchands règnent seuls sur des marchés sans âmes qu'ils animent solitaires. Le froid souffle sur le désert de leur pensée, un moyen dont ils ont fait une fin. Leur enrichissement est devenu la honte de ce monde et leur idolâtrie sa damnation.

On remarque souvent que le moche se croit beau et le médiocre intelligent, quand le beau et l'intelligent doutent, eux, de leur valeur. En cela les premiers triomphent des seconds car ils n'hésitent pas à s'affirmer.

Les manuels d'histoire ne parlent que de personnes dont le pouvoir a influé sur une majorité, quand bien même ceux-ci seraient foncièrement inconsistants. On voit là toute la limite du genre humain et son adoration du pouvoir.

L'esprit fin, quand il ne produit pas lui même des phrases qui sonnent claires et pures, sait les choisir chez d'autres avec discernement.

Savoir c'est d'abord distinguer dans tous les sens du terme.

Si le masochisme règne sur le monde, c'est que l'être humain ne s'est pas accompli et qu'il a besoin de la douleur pour reprendre le droit chemin. Par droit j'entends celui qui fait du bien et cela est fait de douceur. Quand la douleur procure satisfaction c'est que l'inversion psychologique règne, on préfèrera toujours la chaleur des rayons du soleil aux sinistres éclipses.

Un pouvoir doit intégrer que l'être humain moyen est limité et par conséquent s'adapter à cet état de fait en proposant des mesures qui, si elles sont complexes à mettre en œuvre, sont simples à comprendre.

Le pouvoir aux femmes c'est l'inversion la plus aberrante qu'il soit. Pour cause le fait caractéristique que la femme est capricieuse or gouverner ne doit laisser aucune place aux humeurs aléatoire mais bien à la sévère et rigide constance paternel.

Etre machiavélique dans son analyse des rapports humains, c'est se rapprocher d'une certaine forme de lucidité.

Le crime est l'extrême limite du juste.

Ceux qui sont emplis de haine, sont emplis d'amour. Le seul sentiment qu'il faut craindre en ce monde est l'indifférence.

L'homme devrait faire la pluie et le beau temps sur terre, hors c'est lui qui regarde la météo…

La grande majorité des hommes vivent comme ils respirent : animalement.

Les hommes ne s'en aperçoivent pas, l'habitude aidant, mais ils risquent leur vie tous les jours, à chaque instant.

La société contemporaine, une ploutocratie, a donné valeur moral à l'argent. Ceci signifie que le centre d'intérêt est pécuniaire et non éthique.

Nous avons donc une justice par et pour l'argent. Le moyen est devenu une fin.

L'espérance de vie s'allongeant, la transmission du pouvoir ayant lieu toujours plus tard, la société contemporaine s'est sclérosée et cela explique qu'elle ne créé plus. Une civilisation de vieillard sacrifie la jeunesse.

Le secteur du secondaire et du tertiaire, en éloignant l'individu que sont les éléments naturels et sains comme la terre et les animaux a contribué à la décadence puis la dégénérescence.

Celui qui accepte l'être dans sa totalité doit le comprendre dans son essence paradoxale.

Si on devait donner un visage à cette nausée que suscitent nos contemporains, il tiendrait tout entier dans ces gens fixés avidement sur leurs téléphones; ils sont dans un ailleurs qui les asservit d'autant, obstinément tendu vers une communication finalement abstraite, échappant ainsi à leur environnement immédiat dont ils personnifient l'impersonnel, l'indifférence à la présence, un mur opaque et pourtant transparent façonné contre le monde physique, la chimérique fuite de leur emplacement. Ainsi tout le monde est "ailleurs" et personne n'est "là", l'abstraction prend ici toute sa mesure, elle véhicule l'inhumain, l'agitation du monde.

Seules les personnes qui vous reconnaissent dans votre anonymat sont capables de vous comprendre dans votre gloire.

La contrainte veut qu'on s'accommode de soi comme des autres. Car les tuer revient à vivre seul sur une terre silencieuse et se suicider à laisser le champ aux tyrans. Le soleil brillera toujours mais ne sera peut être plus perçu comme le feu de l'enfer si une seule voix s'élève qui soulagera par sa clarté cette condition déchirante...

L'histoire de l'occident est proche d'un palier symbolique : celui du reniement le plus total. Il n'aura fallu que quelques décennies pour le mettre à bas mais cela à suffit car basé sur la pire chose qui soit : le mépris de soi.

C'est souvent aux médiocres qu'on arrache un brin de vérité !

Le traitre sourit souvent.

Celui qui ne parle pas s'exprime davantage que celui qui parle.

Celui qui n'éprouve pas de solitude car il est en osmose avec lui-même, celui là a des rapports francs avec les autres.

Mon plus grand bonheur fut d'apprendre à lire, mon plus grand malheur de continuer à lire.

Les individus "tièdes" ne connaissent pas les sentiments, l'Amour et la haine leur sont étrangers.

L'amertume est un des pires états d'esprit humain.

Dans la vie, une attitude salvatrice est de mêler fatalisme face aux dures réalités des événements subis ce qui permet de les accepter, et une révolte salutaire qui permet de les dépasser pour se transcender.

L'originalité est une force car elle est rare.

Le mépris de soi, c'est sans doute une des pires choses à redouter.

Le début d'une relation est crucial, on y voit les fondements ainsi que les rapports de force qui vont influer par la suite. Par analogie du jeu de domino, les pièces empilées ne pourront être décalées que dans la mesure des premières posées. Ainsi une histoire entre deux individus est tributaire de leurs premiers rapports.

Il faut donner quand il en est encore temps. Celui qui donne en retard n'exprime que les remords de son inconsistance.

Quand la misère humaine fait entendre son cri, la passion se dissout soudainement, il ne reste alors que la grâce dans cette disgrâce, la mesure dans une démesure, la parole vraie dans le mensonge.

La nature draine dans son chant silencieux autant de vie que de mort; voilà sans doute pourquoi l'homme a inventé sa musique, pour échapper à l'effroyable absolu qui l'entoure et le menace, faute de le comprendre.

Le pouvoir a ceci de brulant que s'il échoue dans les mains d'incompétents ou d'ignorants, on est sûr de le récupérer rapidement.

La satisfaction du peuple n'est qu'une donnée et ne peut garantir de la justesse d'un pouvoir. Ainsi en occident a-t-on vu une partie de la population se satisfaire de la décadence et de la dégénérescence de sa propre civilisation. Quand une élite ne se rend pas compte de ce qu'elle entretient au quotidien comme état de fait et que sa population est incapable de se révolter ou l'approuve, alors la fin est proche.

Plus on approche de la vérité, plus on se fait d'ennemis.

L'écologie est l'invention qui donne bonne conscience ; elle est du aux massacres de l'humanité fait sur l'autel de la technologie et tout cela pour avoir le « confort ». L'homme primaire, lui, se contente de la nature telle qu'elle est et vit tout aussi bien.

L'instinct du peuple le pousse à se méfier des manœuvres politiques. Il est rare de voir une population spoliée sur le long terme si ce n'est qu'on l'a ferrée de toute part. Et si c'était le cas, l'ambiance deviendrait vite délétère.

Dans la société contemporaine aux valeurs inversées, la politique s'invite partout. Elle n'est plus un moyen mais une fin. Qu'on y réfléchisse à deux fois et historiquement rares sont les civilisations ayant perduré avec des politiques à leur tête.

Le progrès technologique joue un rôle non négligeable dans la dégénérescence humaine puisqu'il a contribué à couper l'homme de la nature.

ETHIQUE

Ce mensonge furieux reniant les faits les plus évidents, c'est l'ego qui se refuse à mourir, la raison qui s'accommode de chimères.

Si l'intelligence n'indique pas toujours la voie du cœur, l'ignorance non plus...

La décadence, c'est quand on pense que son époque est formidable !

Vivre c'est « ignorer » la mort, jamais la refuser.

Vivre au présent qui prépare demain par sa seule action de vivre l'instant.

C'est la nature humaine qui veut qu'on n'attende pas de savoir pour juger.

La solitude, lorsqu'elle est acceptée dans son entière condition, offre, au sortir de ce tunnel bien obscur, toutes les latitudes d'action possible.

Il est des tragédies qui se vivent silencieusement de l'intérieur.

Si on n'évite pas la chute, du moins l'accepter dans toutes ses conséquences. Cela ne change rien au fait de tomber. Cela change la vision qu'on s'en fait…

Pour la plupart des hommes, c'est la bonne santé qui permet de vivre quand ce devrait être de vivre qui amène la santé...

Ceux qui apprécient un homme pour sa force seule, je veux dire par là qui omettent ses qualités humaines, sa psychologie propre et ses faiblesses, ne l'aiment pour ainsi dire pas. Alors cet homme sera seul et méconnu car apprécié pour son côté le moins révélateur : sa force.

Ceux qui tuent discrètement, qui maquillent le crime d'euphémismes, ou viennent à nier jusqu'à son existence dans leur propre conscience, ceux là sont les plus lâches parmi les hommes.

Une femme libre est celle qui n'est pas esclave de l'image que les hommes lui renvoient.

Je fais ce que je peux avec le courage que je trouve !

Veni, Vidi, Intellexi, Reliqui !

(Je suis venu, j'ai vu, j'ai réfléchis, je suis reparti)

Le propre de perdre une mauvaise habitude vient à ressentir un manque et, plus que cela, une certaine mauvaise conscience, un doute de mal faire.

Nombreux sont ceux qui avancent d'un pas pour mieux reculer, effrayés. Rares ceux qui reculent pour mieux sauter.

L'éclectisme est dangereux ; il faut du talent pour s'y frotter. En général il aboutit à une moyenne médiocrité.

La décadence, oui, la chienlit, non !

Il n'y a qu'une différence entre la manipulation et la franchise, c'est le cœur qu'on y met.

L'espoir est aussi fragile que persistant; on se désespère vite mais on se reprend à espérer tout aussi rapidement.

On obtient des gens par la force, par les sentiments, par la tromperie ou par la persuasion.

On parle d'exceptionnel partout et on ne le rencontre nulle part.

Dans la vie il y a ceux qui nagent à contre courant, puis les autres, qui choisissent la berge pour remonter tranquillement le cours du fleuve.

Ne pas prendre de risque c'est ne pas vivre et par là même prendre un risque bien plus grand.

Seules les personnes lucides vivent l'instant présent; les autres s'inquiètent du lendemain.

L'ironie et la dérision de soi même sont des composantes essentielles d'une profonde humilité.

L'individu peut être excusable, pas la société.

La révolte par le mépris.

La vraie pitié vient souvent de celui qui a la force. A l'impuissant le ressentiment, qu'il déguise ou non, c'est selon, en fausse modestie(!).

Un ami trouve son bonheur dans celui de son ami.

L'homme qui n'a pas intégré que la femme est à l'image de la lune : un reflet solaire est enclin à subir de réelles désillusions.

Sortir avec une femme c'est bien, l'emmener danser c'est mieux.

Un homme averti illumine la femme car il n'y a rien de plus terne et triste qu'une femme délaissée.

L'état revêt une connotation paternaliste froide quand le foyer est, lui, associé à la mère et au cocon.

Dans une société fasciste on dénombre trois types d'individus. Le fasciste qui a conscience de cette dictature (la dictature étant la structure inhérente à ce type de pouvoir), celui qui ne s'en rend pas compte et enfin ceux qui luttent contre ou en sont des victimes conscientes.

Le fascisme et toute idéologie totalitaire connait un pendant classique et logique : la folie.
Elle mène à une rigidité de l'esprit qui, poussée à son paroxysme, connait toute sorte d'hallucination.

La solitude, c'est ce qui sied le moins à la femme ; l'homme, lui, peut philosopher comme les présocratique, la marge lui correspond.

La réserve est souvent prise pour de la timidité. Elle est la cause de bon nombre de malentendu mais n'est pas blâmable à l'instar de la timidité relevant d'un problème d'estime de soi ou ayant rapport avec l'adoration.

Il est facile de devenir comme les autres, plus porteur de se façonner un modèle propre et relatif à son expérience de vie.

Les rencontres passionnantes, cela est rare, peut être parce que les gens laissent passer trop d'occasion.

La réserve et la timidité, si elles participent au charme, sont des cailloux aux relations spontanées.

La jeunesse, dans sa connotation péjorative, peut se rapporter à l'adolescence, qui rime souvent avec ignorance... Voilà pourquoi les pouvoirs faibles s'appuient sur les jeunes, pour la même raison que les pouvoirs forts : de la vacuité peut advenir le meilleur comme le pire.

Les femmes s'étant données à quantité d'hommes par abandon et dans toutes les latitudes possibles n'ont à offrir à l'homme aimé qu'une réticence à se donner. Voilà pourquoi ceux de la première catégorie les possèdent entièrement quand, ceux de la seconde, se heurtent à une pudeur imbécile bien que compréhensible.

Une des grandes qualités dans la vie sociale consiste à ne pas se vexer.

Certains hommes attendent chez la femme une présence.

Avec l'âge un homme coupe court au « possible ». On devient plus sceptique, catégorique et cynique sur la nature humaine.

On apprend plus à connaitre quelqu'un dans une rupture que l'on a pu le faire tout au long de la relation.

Lorsque l'ennui est supportable avec quelqu'un, la relation est de prometteuse.

"Merci pour toi" une expression de reconnaissance.

Néanmoins il faut s'expliquer ; la vie est une constante justification avec soi et les autres.

Peu d'hommes savent lier le geste à la parole. Pour les autres le paradoxe est révélateur de désirs ou de peurs.

Ils vivent dans un désert sec et aride, ne connaissent pas les sentiments, miment l'amour d'une pantomime aussi mécanique que dérisoire, pantins désarticulés et pitoyables.

Dans une relation le tournant déterminant se révèle quand ce qui était un plaisir devient une obligation.

Ceux qui désirent forcer le succès ou obtenir par contrainte l'amour des autres tombent mécaniquement dans la méchanceté et le ressentiment.

Une femme peut se donner à toute sorte d'homme. La seule chose qui change et qui importe est la façon dont elle se donne à eux.

La nostalgie est le lieu commun de certaines séparations, l'amertume peut l'être également.

L'homme est autant paradoxal dans le mensonge que la femme l'est dans le désir (Besoin de respect et d'irrespect intimement lié, notion paradoxale).

La recherche de la perfection a tendance à déséquilibrer l'ensemble harmonieux et, par là, à rendre l'objet ou l'idée moins efficace. L'efficience doit savoir s'accommoder de l'imperfection et s'affranchir de toute notion d'idéal. Y tendre c'est aussi accepter de ne pas l'atteindre ce qui moralement apporte beaucoup plus de paix et moins de frustration.

Les personnes sûres de leur bon droit sont les plus fatigantes.

Les femmes ont du courage là où les hommes en manquent, et vice et versa.

Aller à la chasse ou à la pêche c'est renouer avec une tradition ancestrale humaine. C'est éprouver le plaisir de l'homo sapiens au 21 ème siècle. Dis en un mot c'est bio et permet de renouer avec la nature. L'homme décadent va, lui, au supermarché, il est coupé du réel et pollue.

La médiocrité des gens peut s'expliquer par leur ignorance, sans doute, leur déception, probablement, et leur souffrance, voilà qui est probable.

Une des caractéristiques de la société fermée occidentale est la constitution de réseaux solidaires qui forment un maillage et une carapace infranchissable pour tout néophyte. Or une société dite ouverte doit permettre l'accès à différentes strates de la société au tout venant qui fait ses preuves.

En occident quand on souhaite contacter une hiérarchie, il faut s'armer de patience.

L'occident contemporain est la civilisation de l'argent, ce qui explique que sa population soit toujours pressée et enclin à ne pas trouver le temps de vivre.

La nature faisant bien les choses, si elle a façonné les gens selon les climats et les lieux, c'est qu'elle a bien fait. Seuls des fous irresponsables ont décidé de s'affranchir des frontières naturelles, ils seront vite remis à leur place car, comme dit le dicton, le naturel revient au galop. La géographie est imparable. On se définit de par son environnement, c'est lui qui façonne l'homme.

Accepter l'échec mais ne pas s'y résoudre.

Les relations humaines sont empruntes de complexité; il faut, à ce sujet, faire preuve de prudence.

Le survivalisme dans son essence est un prolongement rationaliste, son étymologie démontrant une a spiritualité. Etre prévoyant est faire preuve de prudence, vouloir survivre à tout prix ne l'est pas.

Certains dénigrements sont une manière de se rassurer, voir de se mettre en valeur.

Aujourd'hui, on ne sait plus vouvoyer, on a perdu cette ultime marque de respect et de grâce entre deux interlocuteurs.

Des gens communs on peut dire cela : qu'ils passent leur vie à désirer plus qu'ils ne doivent, qu'ils ne se satisfassent pas du bien dont ils disposent et se consacrent entièrement à la recherche de son ennemi le mieux. Et s'il y a une raison à ce méfait, elle tient peut être tout simplement dans l'ennui et la vacuité d'un esprit non mature et peu profond.

La vanité de tout auteur le porte à croire que ses écrits seront aussi utiles aux autres qu'à lui-même;

Ce qui fait la qualité d'un homme ou de sa création est l'homogénéité de l'ensemble. Un seul détail pouvant l'empêcher de se réaliser, il lui est nécessaire de conserver un équilibre permanent.

Ne citez pas trop de références pour soutenir vos thèses car les gens pensent que ces auteurs sont une justification à votre insuffisance.

La vraie grâce est celle du cœur. L'érudition y rajoute une profondeur mais ne doit jamais la couper de sa simplicité originelle.

Chez la femme, l'admiration pour l'homme est aussi nécessaire qu'injustifiée. Ce qui explique qu'elle ne peut lui apporter aucun soutien véritable (Comprendre consistant).

On reconnait l'importance d'une amitié aux inconsistances des relations côtoyées.

Trouver l'amour au fond de soi, le donner ensuite. Cela évite cette quête perpétuelle de la recherche de l'amour des autres.

La police d'aujourd'hui est là pour arrêter, pas pour protéger le peuple mais les biens, c'est une police bourgeoise.

Si l'indifférence de nos congénères est un grand mal, celle d'un proche est ce qu'il y a de plus dur à supporter.

J'ai pris sur ma ligne de vie pour rallonger ma ligne de chance.

Dans la population d'un pays, on distingue deux parties, celle qui demeure lucide et capable d'objectivité d'opinion emprunte de sentiments et l'autre, l'aveugle, qui suit l'élite sans sourciller, la fanatique.

Les plus grands génies sont ceux qui ne dévient pas dans les extrêmes et savent comprendre plutôt que de juger et, lorsqu'il leur arrive de juger, qui le font le plus objectivement possible c'est-à-dire sans passion.

Le monde du travail est ainsi fait qu'il est une fabrique d'esprits pauvres.

A certain instant on s'aperçoit que son plus grand ennemi est son meilleur allié...

Dans la vie, ce qui est important, c'est de se suivre. Ensuite, il y a le deuxième cran, la strate du dessus, qui consiste à tenter de suivre les autres, ce qui est autrement plus complexe et accessoire d'ailleurs.

La classe, les gens qui en sont dépourvus la recherchent quand ceux qui la possèdent s'en moquent.

Le fait que l'état s'attribue l'omnipotence de la force voir l'emploi de la violence ne doit sa légitimité réelle qu'à l'anonymat de la masse étatique : le symbole du tout et du rien. L'individu libre est son contraire pur : il ne connait pas de violence tant qu'il ne voit pas sa volonté contrecarrée par des règlements.

Une société en état de décadence vit d'utopie. Une société en état de dégénérescence vit de folie. Dans l'une ce sont les rêveurs et autre prêcheurs qui sont au pouvoir, dans l'autre ce sont les fous et les anormaux qu'on présente comme modèle de normalité. Il en va aujourd'hui de certaines spécialités académiques qui sont présentées comme un progrès alors qu'elles ne sont que déviation et régression.

Les dictatures et y compris la contemporaine occidentale joue, comme tout régime extrémiste, sur la terreur. C'est donc dans le silence que s'instaure le droit de l'oppresseur.

Le peuple n'est pas là pour écrire ses constitutions mais pour les entériner, de même il n'est pas là pour comprendre ses dirigeants mais les supporter, enfin il ne doit pas gérer les affaires de son pays mais l'aimer comme son toit. Une foule est une foule, elle est d'humeur changeante, un peuple est un peuple, il ne peut accepter que des dirigeants issus de son sein. Tout autre système est voué à l'utopie et connait la décadence.

Il n'y a de sacrifice que le sang humain. C'est, à la vérité, le pire versé ici bas et c'est pour cela qu'il est en quantité innombrable.

La vérité c'est comme le soleil, on ne peut pas la regarder dans les yeux sans se brûler.

Chez une femme, il y a bien souvent un renoncement post passage à l'acte et ce quand elle éprouve des sentiments. Il faut l'accepter et ne pas le refuser. Cela fait parti du doute, de la peur, l'homme doit la rassurer et poursuivre la relation.

Celui qui fait fi des colportages, des on dits et autres jugements, qui continuent d'avancer fidèle à lui-même sans se soucier de l'image qu'il donne, celui là trouvera la tranquillité de l'esprit, car dans la vie, on porte souvent trop d'attention aux avis des autres et pas assez au sien propre.

Un auteur qui désire donner vie à ses personnages se doit de les posséder, de s'en imprégner profondément, dès lors ils prennent leur place dans son imaginaire et se confonde au réel, voilà ce qu'on appelle une consistance faite de chaire et de sang, ce qui prend racine dans l'onirique et aboutit au palpable : la transfiguration.

En termes de stratégie, il faut savoir user de sa force et de sa faiblesse avec une égale habileté. S'il est bon de palier à ses faiblesses, il est aussi recommandé d'aller sur le terrain préféré de l'ennemi et de s'y faire. C'est ainsi qu'on devient un grand général : en s'attribuant la force et le terrain de compétence de l'autre.

Du mécanisme de défense à la pathologie, il n'y a qu'une mince et pourtant fondamentale différence : la conscience qu'on en a.

On ne certifie pas un esprit.

Les hommes n'ont besoin que de très peu de choses pour vivre, du moment qu'elles sont essentielles en ce sens qu'elles leur donnent la foi de s'accomplir.

Un homme accompli partage avec les autres, c'est au travers de cet échange détaché que s'exprime toute son autonomie.

La plupart des hommes croient, parce qu'ils ont accompli une chose et ont été plébiscités pour elle, qu'ils étaient dans leur bon droit ou que cette réalisation est de qualité.

Ne s'étonner de rien face aux autres, garder secret ses exclamations profondes, ses doutes et ses interrogations.

Un professionnel est quelqu'un qui ne se prend pas au sérieux mais agit avec sérieux.

Qu'on le veuille ou non, tout le monde est entretenu par un autre. Et sur tous les plans, qu'ils soient sentimentaux, psychologiques, ou financiers. De ce marchandage admis, la conscience s'accommode.

Les Etats-Unis sont des amis occidentaux qui ne veulent pas d'Europe autonome et émancipée.

S'attendre à tout c'est se préparer à rien.

Dans une relation, c'est l'homme qui insuffle le tempo, la femme suit le rythme, se laisse guider à la manière de danseurs de Tango.

Le présent s'offre à celui qui s'affranchit du passé.

Une princesse aime comme elle hait, c'est-à-dire sans mesure, d'un mouvement aussi entier qu'irréfléchi. Et la déception de ses chimères sentimentales emplies de projections trouve un coupable tout désigné dans l'être admiré qui, déchu, sera foulé d'une hargne proportionnelle à la hauteur des espérances...

Les gens intéressants ne se font pas désirer.

Dans la vie, on fait ce qu'on peut à partir de ce qu'on veut.

Le meilleur moyen de ne pas devenir fou c'est de l'être.

Quand certains aiment l'argent, moi j'aime la vie; son étendue, sa connaissance, sa richesse et son désespoir, sa pauvreté et sa souffrance, son essence en transparence, elle me tend les bras, sa mort aussi...

Le médiocre sait, au fond de lui-même qu'il est un usurpateur, que sa place ne lui revient pas. Ainsi il s'incline face à l'essence supérieur dès lors qu'il y est confronté, il demeure silencieux et c'est ainsi que la voie s'ouvre d'elle-même à l'artiste.

La vérité sort souvent de la bouche des extrémistes, c'est en cela qu'ils séduisent les peuples frustrés par le mensonge et emportent une certaine adhésion.

Pourquoi dit on "Le travail c'est la santé !" ? Simplement parce qu'il empêche de réfléchir, met à portée des satisfactions simples comme disait Nietzsche et que commencer à penser c'est se miner de l'intérieur comme disait Camus. Seulement cela ne résout aucun problème, cela ne fait que les différer fatalement. Combien s'arrêtent tel Socrate, pour aller au fond d'un problème ?

Ceux qui travaillent pour le bien et le beau doivent s'attendre le plus souvent à une multitude d'épreuves, ne pas compter sur la reconnaissance au mieux post mortem, voir l'argent se détourner d'eux et se retrouver confronter à l'indifférence de la multitude.

On n'admire pas deux personnes en même temps.

Votre légèreté est votre tombeau ! Qui prend les choses facilement a le retour de vacuité qui lui est inhérent.

Les relations qui font vous oublier, sortir de votre axe propre sont nocives.

Combien d'hommes croient véritablement en leurs convictions ? Combien ne se rallient ils pas à la raison du plus fort, du plus habile persuasif, à la raison du moment par mimétisme ?

Ses défauts rendent caduques ses qualités.

Il arrive souvent que l'espoir suscite l'illusion, qui elle-même induit le désespoir.

Personne ne peut demander à un homme qui a été détruit et qui a vu des gens de valeur minés d'agir comme si ne rien n'était. Dès lors il peut aimer d'un Amour véritable mais différent, c'est le prix de la reconstruction. Un passé ne peut être changé, la vision qu'on s'en fait seulement.

S'il aime alors c'est pour oublier cette mort indigne qu'on lui a faite. Mais il enterrera surement ceux qui lui ont faite. Car un pain est un pain ici bas. Il n'est pas question de laisser bonne conscience à son bourreau et de laisser dans le noir des innocents qui endurent un sort similaire.

On peut jouer sa vie ce qui est commun, on peut aussi la vivre ce qui l'est moins.

La technique aura été de tout temps précieuse puisque le diable est dans le détail, comme chacun sait, le salut ne peut venir que d'un personnel qualifié et expert en la matière.

L'homme trompé maintes fois devient aride en sentiment c'est à dire indifférent vis-à-vis du traitre.

L'envers et l'endroit, intimement liés par delà leurs apparentes différences. Les deux faces de la nature humaine qui suscitent le doute et rendent incertain le jugement qu'on voudrait sûr...

Une volonté puise sa source dans une certitude; et les meilleures certitudes, les plus fortes, naissent d'un doute aussi profond que trouble.

Beaucoup d'hommes prennent des raccourcis dommageables.

Une femme délaissée c'est triste. Une femme sans mari c'est consternant. Une femme sans amant c'est rare.

En diabolisant le nazisme, on a aussi diabolisé toute la normalité sur lequel tout régime s'appuie. Cela a donc précipité la dégénérescence contemporaine.

Seul celui qui ne triche pas avec lui-même construit sur des bases saines. Car biaiser avec la vie se paie toujours.

Un homme qui dit les choses franchement, s'il se fait beaucoup d'ennemis, peut se découvrir aussi quelques vrais amis.

L'argent est un détail important.

L'amour passe bien souvent par une forme de dureté, il faut y voir alors de la pudeur.

Les anciens s'accrochent à la vie quand elle ne peut plus leur apporter, le jeune se désespère lui qui bénéficie de toutes les latitudes possibles !

On peut se passer de beaucoup de monde, excepté de soi même.

Il est des soirées de solitude qui assèche le cœur.

Il faut prendre les gens pour ce qu'ils sont et s'en tenir à cet état de fait.

On peut dire de la femme qu'elle est moqueuse vis-à-vis de l'homme, effrontée parfois et ce, bien qu'elle respecte la force du mâle, là est le paradoxe.

La femme possède une capacité à encaisser les coups de la vie bien supérieure à celle de l'homme. C'est sans doute son entendement et sa volonté d'enfantement qui la sauvegarde en ce sens, ainsi qu'une certaine froideur calculatrice rationnelle quand l'homme s'empêtre dans sa profondeur personnelle.

Une femme qui n'estime pas l'homme avec qui elle est ne le respecte pas. Et si elle ne le respecte pas, elle ne peut l'aimer.

Vis-à-vis de personnes sans gênes voir irrespectueuses, la seule attitude viable est de se hisser à un niveau de dédain supérieur au leur, chose qu'elles considèreront comme une valeur digne d'estime.

Une bonne façon de faire bouger les lignes ou faire réagir quelqu'un d'indifférent est de le juger; il se justifiera aussitôt pour se soustraire à ce jugement; voilà comment on peut tenir certaines personnes qui manquent de respect.

Se réaliser dans la solitude, se constituer dans le déni et l'absence, voilà la dure destinée de l'artiste à l'esprit novateur.

Ils sont légion les individus qui souhaitent trouver dans l'exercice de leur métier une thérapie à leur mal être. Ainsi en va-t-il de la majorité des artistes. Or, cela impacte sur le rendu, le rend subjectif et cloisonné à un égoïsme altier.

Un des désespoirs les plus grands qui soit réside dans l'immuabilité des choses, savoir qu'elles ne changeront pas, qu'elles sont figées inexorablement et que tout effort est vain.

Face à un problème qui les angoisse, les hommes ont l'habitude d'y trouver une solution qui, s'il arrive qu'elle ne soit d'aucun recours en pratique, leur donne l'impression de maitrise, ce qui les rassure d'autant.

La solitude va décidément mal à la femme.

Si on cherche l'homme chez la femme, on le trouve et il est admirable.

Il ne faut pas presser les choses qui n'en valent pas la peine.

Un jeune a le droit de dire une bêtise car il a l'excuse de la jeunesse, ce que n'a pas le vieux et qui le rend pathétique.

Une séparation, comme une relation, se fait à deux.

L'homme qui ne sait pas s'entourer de personnes adéquates tombe à sa perte.

Si la corse est l'île de la France, l'auvergne est son désert.

Le corse est accueillant, calme mais ses tempêtes sont terribles.

On ne parle bien à un corse que quand on le laisse autonome.

L'auvergnat parle peu, et pourquoi faire ? Sa parole est à l'image du paysage.

La Corse est une jolie femme rebelle, l'Auvergne une vieille dame aux volcans éteints, mais aux volcans tout de même.

Aujourd'hui nous vivons dans une société où l'homme à l'esprit faible est favorisé. Or, et c'est là le nœud du problème, dans une époque troublée, il faut des hommes forts capables de penser par eux même car, même et surtout parce que la tête du gouvernement est forte, il faut qu'elle soit secondée par des organes de même types ; c'est cela l'harmonique.

IVI : Inconsistance, Vacuité, Inanité

PHILOSOPHIE

Avoir raison devrait revenir à comprendre, la raison est en cela qu'elle s'appuie sur la compréhension et ne donne donc jamais tord, elle explique, c'est un de ses plus hauts niveaux.

Le propre de la philosophie réside dans le relativisme : se questionner. Quand l'homme saint ne se questionne pas : il sait ou ressent.

L'idéal est un concept qui définit l'absolu par rapport à un relatif. En raison pure il ne peut exister. Dans un monde mystique, il peut se passer de notion relative c'est-à-dire comparative, c'est toute la différence entre la logique et le monde de l'absolu.

La symbolique condense la notion d'absolu. Elle en est la traduction.

Le mental ne peut intégrer la notion d'absolu car il ne lui appartient pas. Pour dire les choses franchement, cela le dépasse.

Une des forces majeure de la bêtise humaine réside dans sa volonté inébranlable due à l'absence absolue de raisonnement; le doute lui est donc étranger, rejetant tout compromis ou hésitation, le vouloir est représentation de raison et se justifie par sa seule essence ! De là on comprend qu'un idiot croit sa pensée être légitimée par le seul fait qu'il et qu'elle existe.

Ce qu'un homme aurait pu être compte pour partie non négligeable de ce qu'il est.

C'est aussi et surtout par la cosmologie que l'on prend conscience que le monde est merveilleux, qu'il est parfaitement divin dans son imperfection et jusque dans son imperfection même. "Que tout cela est beau !"...

Il y a eu les enfants égarés de Platon, il y a eu les rejetons perdus de Nietzsche...

Pour les hommes lucides, il est bon de leur indiquer quelques raccourcis philosophiques : qu'ils lisent Platon, Nietzsche et Camus, le reste n'est, pour la plupart, que verbiage humain auxquels les esprits académiques s'attacheront.

L'instinct, la logique, puis la mystique furent utilisées par l'homme, seul l'intuition ne fit pas l'objet d'investigations académiques poussées.

Disons le crument, une immense majorité des œuvres reconnues sont inutiles et avilissent ceux qui les parcourent par une réduction du champ de leur imagination personnelle et un conditionnement inévitable. Peu d'œuvres artistiques valent qu'on s'y attarde. Leurs seules mérites est, qu'un esprit perçant ait, à leur contact, compris la responsabilité qui lui était inhérente de casser ces schémas pernicieux car vénérés. Citons Platon et le Christianisme, dont il fallut attendre Nietzsche pour en comprendre une partie de leur portée restrictive et asservissante. Enfin, confrontons la plupart des philosophies orientales, extrêmes orientales ou occidentales à la cosmologie et leurs naïveté, leurs contradiction tâtonnante n'en est que plus criante...

La qualité est une notion relative, cela va de soit. On peut l'aborder sous un angle spirituel et dès lors on comprend que la progression en absolu d'une personne est tout aussi importante que l'œuvre d'un grand artiste. Qui ne sera pas amener un jour à l'être ? C'est ce que Nietzsche a proposé dans son éternel retour : du karmique mise à la sauce occidental, c'est à dire avec du sacré mais sans Dieu, rustine et palliatif au nihilisme.

L'amitié est un miroir de soi même. Les relations sont à l'image de l'être et traduisent toutes, aussi différentes puissent elles être, une part de nous même. Le « Nous » est alors inévitablement, intimement, relié au « Je ». « Nous » de part le « Je », « Je » pour le « Nous ».

Il existe deux sortes de sacré : le divin qui de tout temps pris des formes différentes et recoupe une notion d'intervention céleste d'ordre cosmique et l'autre, le laïc, qui l'a transmuté dans et par l'homme. L'homme s'est donc fait Dieu dès lors ce qui a dérangé l'agencement du monde dans ce qu'il a de hiérarchique. Cette notion de place dans la création est primordiale.

Le propre des grandes œuvres est qu'elles ne sont pas transformables en dogmes sous peine d'altération. Ce principe d'altération doit s'appréhender dans la dimension paradoxale du monde. Le monisme intègre le « tout et son contraire », ce que le dualisme mène impitoyablement à la cigüe.

Lorsqu'on cite des réflexions de philosophes pénétrants, d'aucuns s'exclament que ce sont des évidences ! Mais voilà ce qui relève du génie ou de la lucidité : dire clairement des évidences, ce qui, à y regarder de plus près, est extrêmement complexe et ardu.

Une spiritualité authentique se mesure à son annihilation du paradoxe. Les contraires se trouvent réunis et c'est là que se situe la porte de l'infini, dans l'instant, quand le moment, lui, n'est qu'un enterrement de l'instant de part sa juxtaposition d'instantanés.

La philosophie de la force et de l'élan naturel de Nietzsche est en accord avec la loi karmique. Cela ne va pas sans une attitude sereine devant la vie : elle en accepte son état de fait en sachant que rien n'est immobile ici bas. C'est le reproche que je fais aux castes : leur fixité. Or la vie est mouvement, il se doit donc concevoir un changement de classe sans cela le sang s'assèche. L'Histoire l'a démontré.

La loi de la Force est d'accepter la plénitude vitale et son verdict. Elle va contre la révolte telle que l'entend Camus et contre l'éternel retour. On ne doit considérer un état que par son passé et sa mutation que par rapport à son devenir. Tout autre considération est stérile et contre la Loi. L'injustice n'existe qu'en apparence ici bas.

On a coutume de parler de société de consommation, ce qui est juste, mais on oublie la sacralisation du travail qui la symbolise. Or ceci explique que cette civilisation se soit écroulée ; au regard de l'histoire, ce sont en effet les corps les moins dédiés à « la tâche » qui ont régné à savoir le spirituel et le guerrier (se reporter pour cela à l'organisation moyenâgeuse). Le travail est en relation avec le temps, en cela il contribue aussi, comme le commerce, à fabriquer des esprits pauvres. Or nous avons eu depuis la dernière guerre un totalitarisme professionnel qui a contribué à une marginalisation des esprits créatifs, c'est ce qu'on appelle la sélection par la norme.

Internet est l'innovation qui permit d'échapper à la norme. Dans une société cadenassée par des dogmes éculés et pour certains dégénérés, le web a visé une communication transversale permettant de court circuiter la hiérarchie verticale. On y trouve donc plus de créativité et d'indépendance d'esprit qu'ailleurs, chacun étant actif et acteur, quand la télévision et la radio confinant à la passivité, marqueur de domination.

Nous avons donc deux outils : l'un appartenant à l'ancien monde, l'autre au futur. De la passivité à l'action, du vertical à l'horizontal, du fait au « à faire ». Internet est un petit cinéma, la souplesse de réalisation en plus, qui donne libre court à l'individualité et pas à l'individualisme.

Aujourd'hui il est notoire que la société contemporaine vit d'individualisme. De ce fait l'individualité a disparu car ces deux notions, aussi paradoxal philologiquement que cela puisse paraitre sont antinomique. Chacune de cette définition touche à l'être mais de deux façons distingues : l'une exacerbe la personne verticalement, l'autre relie l'agent en tant que particularisme dans une communauté.

Quand on pense allongé, force est de constater que les pensées divergent de celles qu'on a en position debout. Entre les deux reste la position assise en omettant pas la pensée liée à la marche. Force est de constater qu'on pense rarement quand on courre.

Avec l'âge l'impatience et la patience sont deux valeurs qui croissent et décroissent l'une de l'autre. On peut dire qu'on s'impatiente davantage des « poids de la vie » quand, paradoxalement, on les intègre entièrement. La jeunesse, elle, les ignore de part son impatience caractéristique, elle qui, par essence, consacre du temps à du futile, ce que l'homme d'âge mure ne peut concevoir et endurer.

De ce point de vu « l'émancipation » auto proclamée de la femme est une gageure. Elle ne s'émancipera réellement qu'en reprenant son rôle primaire : le foyer et la famille. Toutefois une analyse fine de la femme au travail nous montre qu'elle n'a accepté ce rôle, en grande majorité, que pour sustenter sa famille et ses enfants. L'inversion fut donc toute relative, la femme s'est donc sacrifiée dans une certaine mesure pour conserver et renforcer son rôle d'origine.

Seul celui qui maitrise le réel sait imaginer. Les autres, les piètres connaisseurs, ne font que greffer des extensions (c'est-à-dire du réel redimensionné) à leur création. Un imaginaire devrait pouvoir couper avec le réel. S'il le faisait réellement, il en deviendrait incompréhensible car trop différent. Voilà pourquoi toutes les sciences fictions au monde sont du réel légèrement modifié.

Toutes les idéologies se sont appuyées sur une constance : la faiblesse humaine. Toutes les foies se sont développées par une chose : la force de l'esprit humain.

L'écologie ne signifie rien en absolu. La pollution ne peut exister dans le grand ordre cosmique. Elle désigne seulement l'intoxication humaine qui sera oubliée dans quelques milliers d'année, la Terre sait se régénérer elle-même. Mais cela se fera sans le recours de l'être humain qui, il l'a prouvé, perturbe son échos système.

La génération de 68 est celle qui aura paré de dédain et de mépris le nihilisme occidental.

La métaphysique c'est comme la météo, elle aura connu des accalmis, des journées de printemps, des orages d'été et une longue période hivernal qu'on appelle dualisme.

Tout homme doit agir au niveau moyen qui est le sien comme l'écrivait Albert Camus. Cependant il est conseillé de rester sur la crête pour ceux qui y parviennent cela est émerveillement mais force est de constater que le danger est grand : nous vivons dans une société de niveau moyen qui ne prévoit qu'un calvaire à ceux qui se hissent à ses sommets : la folie ou le pugilat.

La danse a cela de fulgurant qu'on ne sait jamais, à l'instar du chant, de quoi est fait sa magie sinon de mouvement quand le vocal est fait de son. Dans les deux cas, l'ivresse est totale. Les civilisations qui honoraient la nature par le chant et la danse étaient en avance sur toutes les philosophies d'intellectuels : ils étaient monistes.

On appelle dégénérescence l'état de fait qui vise à contester, à mépriser, à ridiculiser une évidence primordiale qui va à l'encontre d'un fonctionnement harmonieux.

La société contemporaine est en état de dégénérescence puisque la majorité des critiques pertinentes la visant ont eu lieu à son avènement. On peut citer Pasolini parlant du fascisme de la société de la consommation, d'Albert Camus dénonçant le nihilisme. Or et c'est là le point d'orgue la caractérisant, aucun traitement n'a été appliqué pour y palier en près d'un demi siècle. Bien au contraire, elle n'a eu de cesse de persévérer dans ses travers qu'elle a érigés en dogmes positifs.

Une des pires situations qui soit est de ridiculiser un pan fondamentale voir vital. Ainsi a-t-on vu le rôle de femme au foyer suivre cette critique quand il fait partie d'un arcane majeur, d'une pierre angulaire de la vie humaine. Le foyer s'étant retrouvé délaissé, la décadence a basculé dans la dégénérescence.

Toute société ayant touché aux fondamentaux de la vie traditionnelle a sombré. On s'aperçoit que cette tentation venait de facto après de grands troubles ou les précédait. On doit comprendre par là que c'est du vide intérieur que vient cette fâcheuse habitude de bouleverser des évidences. Les conflits ont pour eux de focaliser l'attention de la société sur sa survie. Les périodes de guerre sont donc plus harmonieuses et moins sujettes à la décadence. Les périodes dites de profit ou d'aisance ont un penchant pour des réformes aberrantes.

De là je recoupe dans mon analyse qu'une partie des méfaits de l'humanité proviennent de cette manie de nouveauté, elle-même suscité par l'ennui. Seuls les scientifiques échappent à cet état de fait ainsi que les authentiques artistes puisque leur travail profond de découverte les met à l'abri de bouleverser les évidences. et cela puisqu'ils s'appuient sur ces acquis. Néanmoins, à leur décharge, on citera beaucoup d'éléments traditionnels ne sont conservés que par respect exagéré pour la tradition.

Il est fréquent qu'on se persuade soi même de comprendre ce qui nous est incompréhensible à première vue et cela pour deux raisons : pour ne pas montrer sa faiblesse aux autres puis pour son égo propre; dans les deux cas le but est de se rassurer.

La laïcité, s'il est vrai qu'elle aura endommagé l'édifice chrétien de grâce et de sainteté a, et c'est sa force, remis l'homme au milieu. Milieu n'est pas centre mais force est de constater qu'il est ainsi, rationnellement, à sa juste place. Le revers de cet état de fait est qu'il ne s'incline plus devant le sacré. Casser la verticalité spirituelle n'aurait pas du avoir pour conséquence de le mettre comme supérieur à la création. Voilà l'erreur. De là on peut entrevoir une laïcité spirituelle, c'est aussi à cela que répond l'agnostique.

Une des rares tentatives occidentales d'étude de l'intuition fut celle de l'écriture automatique. Malheureusement elle se rattacha au nihilisme philosophique et fut donc tenue par cette démesure. On peut dire que la philosophie aristotélicienne est le point de cassure qui cantonna l'intuition au sort réservé à la mystique.

Celui qui rayonne attire les autres. Mais ils ne rayonneront jamais, ils ne feront que recevoir la chaleur de ses rayons.

L'étude des Lois de l'univers n'est pas qu'une science, c'est aussi une nécessité anthropologique.

La mystique est le champ de connaissance le plus élevé de la hiérarchie humaine. et donc le plus dangereux.

Il existe trois sortes de folie sur terre : celle des génies qui se rapproche de la transe mystique. Celle qui relève de la pathologie médicale. et enfin, une qu'on ne nomme pas assez celle qui établit les pires dogmatismes sur l'autel d'ineptie : la folie collective. Toutes les grandes civilisations l'ont connue, malheureusement on a pas assez disserté sur sa dangerosité puisqu'elle est bien souvent intégré à la normalité de la condition humaine. Or la normalité n'est pas ce qui s'est déroulé dans l'histoire mais bien ce qui ne s'y est pas déroulé. Cet état de fait ne peut être compris que par la civilisation hindoue, la plus évoluée en termes de connaissance avec sa bible parabolique : les vedantas.

Qu'on le veuille ou non, le rêve est une part de la réalité. Cette conception symbolise le combat du monisme qui englobe le tout et celui du dualisme qui se préoccupe du monde séparant. L'imaginaire ne peut se définir qu'à partir de la réalité et en opposition à celle-ci.

L'imaginaire est par définition opposé au réel. Cependant, dans sa réalisation, il rentre en conjonction avec lui. De cette fusion nait le fantastique.

Chaque domaine connait ses gardiens du temple, pour la religion, les théologiens, pour la philosophie, les universitaires, pour la spiritualité, l'Eternel, gardien du tout, il domine l'ensemble par son excellence, il ne peut être contredit car il ne connait pas la contradiction mais la perfection dans la plénitude.

On est tributaire de son passé dans les habitudes et les réflexes qu'il nous a inculqué mécaniquement. En cela un penseur, un être faisant appel à sa propre réflexion pure parvient, dans une certaine limite à en limiter l'impact sur l'instant présent.

Tout chercheur de haut niveau, scientifique ou penseur aboutit d'une affaire complexe à un résultat simple. Ceux qui d'un résultat complexe simplifie les causes sont les pires usurpateurs.

A ce titre on dira que ceux qui se disent marqués par un homme dans leur façon de voir le monde seront de piètres « trouveur ». Celui qui s'affranchit des influences et se façonne sa personnalité propre, celui là est le plus à même de défricher des sentiers inconnus. Ils sont rares.

L'inversion des valeurs de la société contemporaine n'a pu se réaliser que par le principe d'opposition. Ainsi la femme dont le rôle est dévolu au foyer et à la famille, deux piliers fondamentaux de toute société, a été amenée à son contraire pur : la carrière. De là la décadence et la dégénérescence était inévitable. Le principe de la fraction en mathématiques permet d'intégrer cet état de fait puisqu'une opposition ne s'obtient que par la division ou la multiplication (principe inverse) d'un coefficient.

Cette dilution de la famille trouve donc comme résultat des enfants moins bien éduqués car délaissés. Ce qui a accéléré la décadence et favorisé la dégénérescence.

S'est révéler une cassure chez les élites : quand elles ont choisi de défendre les intérêts d'une riche minorité privée en lieu et place des intérêts généraux et de la cause publique, en l'occurrence du peuple. Aujourd'hui toute allusion à ce tournant primordial est qualifiée de « complot ». De complot il n'y a pas, cet état de fait explique la baisse de niveau globale, la paupérisation et aussi que la dégénérescence a pris le pas sur la décadence.

Pour lutter contre la dégénérescence contemporaine il existe deux moyens. Le premier est de lui opposer un niveau ce qui est dangereux de part le contraste qu'il suscite et la colère qu'il entrainera pour les personnes victimes de cette dégénérescence. Le second est de laisser faire, de ne pas opposer de contrepied, en conservant soi même un niveau. Ce machiavélisme est le plus sain puisqu'il a pour but d'accélérer ce qu'on ne peut empêcher : la chute d'une civilisation. Plus cette fin sera rapide, plus on pourra envisager un renouveau pour l'humanité. Freiner son inévitable avènement relève du fameux dicton : « l'enfer est pavé de bonnes intentions ».

Aujourd'hui, les seules tentatives pour enrayer la dégénérescence proviennent de gens qui raisonnent avec l'ancien monde, celui du logos. Hors c'est justement par le logos que ce monde s'est retrouvé saturé et a sombré (en l'absence de mystique) dans la décadence puis la dégénérescence. Ces tentatives sont donc vouées à l'échec.

Seul un renouveau, du « jamais vu, jamais fait » et l'exploitation de ce champ neuf, qui recèle en lui même une force vive puissante, peut enrayer ce mouvement du monde destructeur.

L'occident aura eu la sagesse d'assembler logos et foi, c'est ce qu'on appelle scolastique. La foi ayant sombré, le logos lui a emboîté le pas pour s'effondrer. Ne reste donc de cette civilisation que l'instinct animal qui s'est, en temps de décadence, traduit non pas par ce qu'un animal aurait utilisé à bon escient : sa survie ; mais bien par une dégradation des mœurs : la décadence par la luxure puis la dégénérescence.

La dégénérescence contemporaine se traduit par la perversion des mœurs. On observe la promotion de tout ce qui n'est pas dans l'ordre naturel des choses : l'handicap, l'homosexualité, l'adoption d'enfants par des gens qui ne peuvent en avoir quand ce n'est pas l'achat pur et simple d'enfants, rétablissant par là même l'esclavage le plus brutal.

C'est le concept d'égalité des laïcs qui, mal intégré et utilisé, a abouti à cet état de fait inquiétant. La diabolisation du nazisme et d'une part de la normalité qu'il intégrait fatalement a amené à cet état de fait. C'est la parfaite démonstration du principe de réduction : la simplification du complexe aboutit à la catastrophe.

On devient ce qu'on dénonce. Cette société occidentale, en menant un combat incessant contre un fascisme imaginaire et fantasmé lié aux précédentes guerres, a mis en place un authentique fascisme.

L'avènement de l'humanité est justement la destruction de l'humanité. Destruction de l'ancien sens d'humanité. En cela l'homme, qui a dédaigné sa tâche spirituelle, a contribué à l'instauration de la « mauvaise » humanité, celle qui perdure dans le pêché.

Auparavant et de tout temps étaient les classes. De la cité interdite en passant par les scribes et autres marchands du temple, la société fut toujours découpée en structures hiérarchiques. N'en reste aujourd'hui que l'antique système de castes hindoues. En effet la mondialisation a eu comme effet de diffuser la démocratisation. Qu'on ne s'étonne pas de la baisse du niveau et de la médiocratie depuis que ce système politique est adulé ; car il comporte en son sein une vulgarité qui est celle du commun. Dès lors, ce qui était caché est accessible, le mystère et la grandeur ont été abolis sur l'autel du lambda. L'accès à tous aura conduit sûrement au chemin du néant.

La démocratie est la forme de système politique la plus dévoyée. Seul un pouvoir de caste ou de sang peut prétendre gouverner avec, il s'entend, l'aide de l'intervention divine.

Les penseurs devraient relier davantage relier leurs idées aux saisons. A la vérité ils le font par défaut, celle-ci étant influencée par les changements climatiques mais s'en rendent ils seulement comptent ? Il existe un lien entre la pensée et la lumière, or, celle-ci variant des solstices à l'équinoxe, on peut définir des pensées solstices et des équinoxiales.

Seuls les scientifiques purs et autres étudiants s'approchent d'une forme de sagesse idéale. On devrait leur confier la responsabilité des tribunaux, charge primordiale s'il en est.

Les droits de l'homme sont le symbole du déterminisme philosophique. En cela ils sont dangereux puisqu'il est évident que les hommes sont inégaux. Par conséquent, ce concept draine en lui une violence de part sa négation du réel. L'occident se libèrera fatalement de ce Joux et reprendra sa destinée moniste qui intégrait une spiritualité respectueuse des différences. En simplifiant, on peut dire que les droits de l'homme sont au communisme ce que la catholicité est au christianisme, une version édulcorée du testament initial.

Le retour au monisme et au finalisme ne résoudra pas tout. Cependant, il corrigera l'absolu rationalisme occidental et permettra une transmission de la connaissance plus harmonieuse. De là on peut envisager en étant quelque peu visionnaire une société « castée » qui n'aura que peu de chose à avoir avec l'égalitarisme socialiste à l'œuvre. Ce qu'il faut c'est corriger la rigueur des castes en laissant la possibilité aux meilleurs à parcourir, en une seule vie, plusieurs champs différents.

On distingue deux catégories de personnes dans une société : ceux qui sont critiques CAD qui possèdent une capacité de discernement et les autres qui pensent qu'un dogme ne se justifie que par sa simple présence active.

Il ne faut pas confondre fascisme et dogmatisme. Le premier est forcément dogmatique, le second symbolise, lui, la règle. C'est l'application de cette équation et son éthique particulière qui détermine le degré d'astreinte et la qualité de « liberté » d'une société.

Qu'on le veuille ou non, la nécessité forge les êtres. En plus de l'humilité, elle apporte acuité, sens de la dignité et protège des péchés capitaux. Son opposé, l'opulence rend les gens vaniteux, pompeux et dépourvus du sens des réalités, elle écarte l'homme de la vertu.

La politique d'aujourd'hui divise les gens, c'est son essence même puisqu'elle symbolise un pouvoir qui cherche à mieux régner.

Un homme en devenir doit se résigner à sa condition d'hypothèse.

Si on cherche ses mots dans une discussion philosophique, le terme métaphysique est indiqué : il renvoie à tout et rien en même temps.

Les peuples et civilisations qui se sont éloignées de leurs sources ou en ont reniées les fondamentaux sombrent mécaniquement en décadence.

A titre d'exemple : les africains occidentalisés, les occidentaux déchristianisés, les aborigènes ""civilisés"" etc...

Dès lors on conçoit que le monisme doit s'inscrire strictement comme un socle commun respectant les us et coutumes de chaque peuple, cela est impératif, la spiritualité universelle subjuguant et unissant l'ensemble.

Il faut savoir opérer le distinguo entre un pays et un état. On peut avoir de pays sans état, du moins dans l'esprit, pas l'inverse. L'état repose sur le fait d'administrer, de régenter, un pays se rapporte davantage à une notion globale de valeur, de géographie, de culture, d'esprit et non de politique. Cette distinction est fondamentale pour intégrer l'opposition de ces deux sens, lié néanmoins l'un à l'autre.

Une des forces de l'occident est d'être une société dite « ouverte ». Mais qu'on ne s'y trompe pas, si cette civilisation a la capacité d'intégrer des concepts différents, elle possède une culture monolithique. Par conséquent elle agit, in fine, comme toute société « fermée », après intégration et assimilation des concepts ou personne, elle rend, à la matière des dogmes, les choses uniformes.

Il faut expliquer les choses constamment pour laisser le moins de place possible à l'interprétation.

La philosophie consiste à élaborer un raisonnement à partir de sa réflexion propre sans référence aucune. Là réside la hauteur de l'esprit, quand bien même cette idée ait été développée dans le passé, elle requiert strictement la même valeur d'âme. Cela, la philosophie universitaire ne peut le comprendre.

Dans un livre, le début et la fin sont ce qu'il y a de plus périlleux à écrire.

La nécessité de croire s'est imposée chez l'homme comme l'évidence instinctive de sa propre justification.

La société, d'un même mouvement, lorsqu'elle vous reconnait, vous enlève votre essence profonde, elle vous crucifie vivant.

L'intuition demande de l'audace et du courage, l'homme est trop habitué à la raison pour écouter son ressenti primaire.

Le rythme est fait de variation harmonieuse. Etre statique ou monotone c'est ce qu'il y a de plus fréquent dans les créations médiocres.

La philosophie parle quelque fois du ressenti, souvent de la pensée, mais rarement du senti, ce sens animal est pourtant primordial et l'homme l'a délaissé.

SPIRITUALITE / RELIGION

Aucune lumière ne peut avoir de prise si on ne lui laisse pas en avoir.
Il en va de même pour le mal.

A quoi me servirait toute connaissance, tout savoir si elle devait me priver de sourire.

Le premier égoïste, c'est lui qui brisa le cercle sacré.

La mort c'est l'unification suprême, l'unité entière.

On peut tricher longtemps. Mais au seuil de la mort se révèle l'être dans toute sa pureté, d'un élan instinctif. Là se dévoile l'âme avec clarté.

Si je ne m'étonne de rien, je ne me désespère pas de tout.

Un maître est jugé sur la qualité des maîtres qu'il forme et pas sur la quantité d'élèves qui l'écoutent. Et dusse-t-il en former un seul mais de bonne facture, il a gagné là son pari.

On devrait remplacer le mot maître par celui de guide qui est plus noble puisqu'il n'y a pas de comparaison de niveau.

La figure du Christ est la transcendance de la virilité suprême. Car l'esprit qui prend les armes est commun. Celui qui les laisse à terre et se sacrifie est le paroxysme de la pureté d'âme.

La solitude est une impression, une image du mental, celui qui est proche de soi même, en intimité avec son âme spirituelle ne la connait pas. Il devient alors Le Roi de sa solitude.

On peut dire que l'occident aura ouvert la boite de Pandore que les vedantas tenaient fermée avec sagesse.

Une seule pensée peut changer et remplir un être.

Il y a deux empathies : celle qui répond à son égoïsme propre et l'autre, la plus pure et salvatrice mais rare, celle qui fait la pensée de l'autre sienne.

Ô toi qui cherche l'esprit ! Regarde en toi, scrute ton âme, inspecte ton corps, libère tes sens. L'essence immaculée brûle au plus profond, ressens la !

On est pas un peu spirituel, on a pas un peu la foi, on ne croit pas un peu, on est, on a, on croit totalement et entièrement.

Le malin utilise le vide de l'ignorance, la vacuité des hommes est son combustible.

Les levers et les couchers de soleil. Lorsqu'on cherche le point commun on le trouve : la beauté absolue de ce spectacle sidéral.

Pour se faire une idée objective de la condition humaine, il faut imaginer les autres planètes avec leur multiples lunes et se dire que sur terre, on est bien loti : on en a qu'une et elle pose suffisamment problème comme ça.

L'équilibre instable, de la haute voltige pour les funambules rêveurs éveillés...

Savoir se taire est une qualité dans un monde où la parole est dévoyée à chaque instant.

L'homme aura trahit son serment avant tout par la parole.

Les animaux et la nature ne se trompe que rarement ou quand ils sont atteints de maladie. Chez l'homme la règle de l'utopie l'a amené à faire de la folie une ligne de conduite.

Pour faire rentrer de la lumière dans une chambre close, pas besoin d'abattre le mur, une fente suffit et le jour se fait.

Quand on a compris la place symbolique majeure de l'eau dans la vie humaine, on s'attarde à observer et analyser la forme qu'elle peut prendre dans la géographie et on en tire des symboliques primordiales : l'eau de la source ne ressemble en rien à celle du lac et encore moins à celle de l'océan.

Il y a une grande misère humaine chez les gens. Je n'ai jamais compris pourquoi ils s'efforçaient de la cacher comme une honte, la misère comporte son lot de grâce qui élève.

A la base de tout extrémisme, il y a souvent un mensonge qu'on a subi et qui nous a humiliés profondément.

J'ai observé les hommes, ils reculent devant la vie, devant la mort, enfin ! Quel renoncement !

Il faut laisser ses amis vivre librement et ne leur donner conseil que lorsqu'ils viennent le solliciter spontanément.

C'est le baiser de Judas, par le plus proche...

Qu'on les reconnaisse ou pas, les choses de ce monde agissent sur l'être inexorablement.

La vie est fragile mais persistante.

Il vaut plus craindre de mal vivre son existence que de mourir.

On accepte plus facilement ce que l'on comprend.

Les médiocres ont toujours envié la finesse. Et à force de vouloir se l'approprier, ils flétrissent ceux là même qui la possèdent comme le fait la brute quand il cueille une fleur dont les pétales s'effeuillent alors.

L'occultation du sacré s'est faite via un bain de sang. Au fil du temps elle n'a été compensée que par la promotion du sexe, de la matière et la mise à distance sociale de la mort.

S'il on vit son karma, on peut aussi s'en créer un. C'est la force de la destinée d'orienter à sa guise, dans la marge de manœuvre que laisse le finalisme.

Je fais davantage confiance à Jésus qu'au Christianisme.

Procéder à La Jonction, c'est mettre sous tutelle l'homme. C'est ce qui est le garant de la sagesse, celui-ci ayant prouvé son incapacité à celle-ci.

Il y a le sacré puis il y a l'administration du pouvoir terrestre. Un monarque droit se doit de concilier les deux.

La maladie : traduire par « le mal a dit ».

Pour être malade il faut en avoir et le temps, et l'envie.

La maladie comporte un rapport au temps en cela qu'elle immobilise l'être dans une léthargie, on peut dire qu'il sort du plan classique des humains. Le combat se fait horizontalement et il faut à l'homme, pour vaincre, retrouver sa verticalité. Tout autre diagnostic est jargon médical.

Les hôpitaux sont le meilleur endroit pour rester malade. On ne devrait pas regrouper les malades entre eux mais les mettre face aux éléments naturels comme l'eau, l'air et les végétaux. La nature sait s'occuper de la souffrance humaine comme tout animiste sait.

Un moyen pour ne pas laisser la solitude s'installer est de lui laisser le moins de place possible; ne pas y penser c'est déjà l'écarter.

La peur disparait quand elle est ignorée, c'est le prix à payer, une libération éphémère mais éternelle sur le moment.

S'il faut souvent redouter un conflit avec soi même par la force du trouble qu'il provoque, il est parfois salutaire et enclin à déboucher sur une âme grandie.

La loi des humains est faite pour être respectée par les imbéciles, La Loi du destin, elle, est respectée par les hommes sages.

L'écologie s'intéresse plus au climat ou à la planète qu'aux hommes. Elle oublie que c'est le disfonctionnement spirituel des humains qui a amené la pollution, la première étant celle de l'esprit. Donc elle est un fourvoiement.

La femme portée sur un pinacle est devenue laide. C'est ce qui touche comme disait Tseu toute généralité liée à la sublimation : on obtient l'effet inverse.

Le dominant d'aujourd'hui était le dominé d'hier, il le sera demain, seul la justesse mène à la libération.

Les humains cherchent et aspirent à la nouveauté mais ils ne peuvent intégrer le fait qu'elle n'existe pas, tout est permanence ici bas, chaque germe, chaque essence est unique.

Le véritable danger est d'avoir peur du danger.

Quand je montrerai le véritable visage du jour, on m'adorera.

Lorsque je dévoilerai la teneur de la nuit on me haïra.
Et l'accès à la Loi les effrayera.

Le monde est parfait mais il n'est pas accompli.
D'où la souffrance et la désolation.

Il faut laisser ceux qui savent savoir et les ignorants ignorer. La seule chose à faire est d'éduquer celui qui se sait ignorant et s'écarter de ceux qui croient savoir.

Rêver est bon lorsque cela sert de substrat à sa matérialisation terrestre. Sinon il reste une chimère agréable qu'on peut nommer drogue.

Un homme qui ne se plaint pas est un sage ou un fou.

La possession n'est qu'illusion ici bas. On ne possède pas un bien, il nous est octroyé le temps de notre vie. On ne dit pas j'ai mais je dispose de.

Trouve la sérénité en toi et partage là.

Quand on veut établir sa maison sur des fondations solides, on ne passe pas son temps à consolider une grange croulante, on en construit une nouvelle à côté.

Le refus du royaume terrestre c'est admettre que son pouvoir corrompt les hommes ou mène au meurtre. Par conséquent, le seul qui vaille est le céleste qui purifie la souffrance terrestre.

On peut avoir une spiritualité sans religion mais pas de religion sans spiritualité.

Le sacré a pour lui une forme d'absolu qui, ressenti, donne joie et paix. C'est ce qu'une société coupée de toute transcendance ne peut apporter.

Les gens qui ont la foi, qui ont trouvé une osmose spirituelle et l'intègre dans leur vie éclairent le monde d'un sourire salvateur.

L'arme la plus forte qui soit est sans nul doute la foi.

En théorie, les trois monothéismes, bien qu'évoluant conceptuellement dans des mondes différents, s'entendent. En revanche, la réalité du pouvoir ne saurait en tolérer qu'un seul. En occident, de par son histoire, c'est bien sûr le christianisme et son pendant athée, la laïcité, qui doit l'emporter.

D'autre part, on remarque que leurs branches extrémistes respectives sont antinomiques et intolérantes. En cela elles visent le pouvoir, car aucune suprématie ne peut tolérer d'opposition, seulement des arrangements.

La violence du dogmatisme religieux est la raison de l'athéisme occidental, la spiritualité s'est faite matière.

Les différentes religions comme les sciences représentent des facettes différentes de la vision du monde mais en aucun cas sa vision absolue.

Désirer convertir, c'est ne pas accepter la différence, en avoir peur, et faire preuve d'une faible altérité à moins de poursuivre des buts égoïstes et, pour les servir, devoir persuader en manipulant.

Les philosophes universitaires ont cela de commun avec les chrétiens qu'ils mettent comme référence un homme (Socrate pour les philosophes et Jésus pour les chrétiens) pour son mode de vie et d'action que pourtant ils se gardent bien de suivre, si ce n'est qu'ils agissent à l'opposé ! Force est de constater que cela ne les dérange aucunement, l'hypocrisie est totale.

Le protestantisme est aussi trompeur que le catholicisme et cela pressent à l'architecture. D'un point de vu chrétien stricto sensu voilà le choc des opposés. Le catholicisme préfère orner ses temples de riches parures ce qui ne correspond en rien aux écritures mais qui relève d'une abnégation, le travail donné l'étant à la seule idée divine de grâce : le beau compte et coûte.

Le protestantisme, lui, ne propose qu'un ascétisme apparent, puisque l'effort dispensé et donc l'argent qui n'est pas mis dans l'ornement du temple est, en l'occurrence, mis dans la personne et à son service.

On comprend que les deux relèvent du dévoiement.

Les monothéismes se ressemblent dans leur essence par rapport à leurs buts mais diffèrent des un des autres sur le moyen mis en œuvre pour ce but. Leur morale diverge et leur éthique de même. On en arrive à de profonde différences, bien que dans ces différences resurgissent des ressemblances. C'est là le paradoxe des religions abrahamiques.

Des 4 monothéismes, celui qui connait l'architecture la plus belle et fine est le christianisme, vient ensuite l'Islam, puis suivent ceux à tendance « marchande » : les laïcs, les protestants et les juifs.

Par remplacement du communisme en occident et en y apportant une certaine similarité de conscience collective et de traditionalisme, l'Islam se développe par réaction au monde capitaliste judéo laïc. S'il prend la place laissé vacante du Christianisme, son rapport au temps le condamne in fine en occident à moins qu'il ne supplante l'occident. Voilà le rapport de force. Il faut noter qu'il n'est pas actif mais ne se définit qu'en réaction, ce qui rend sa force de frappe moindre. L'occident, lui, est actif dans sa décadence qui vire souvent à la dégénérescence.

Les trois monothéismes ont tous une approche de la mort (et donc de la vie) différente. Le judaïsme opte pour la vie et laisse la mort aux autres, l'Islam dans la confrontation, le risque et la guerre, et le christianisme dans la réclusion, le sacrifice et l'universalisme total : on meurt quand on accepte tout le monde à l'élection, c'est la mort collective la plus exigeante.

Le destin de l'humanité n'a été compris que par quelques maîtres spirituels sur lesquels on a fondé des religions.

Le moyen âge c'est la passion de la foi et sa déraison.

.

SATIRIQUE

Le genre de type pressé d'arriver au feu rouge.

Pour éviter les cons, on peut devenir marin ou aviateur.

Un politique contemporain, c'est un type développement durable; la preuve ? Il se recycle en permanence...

Le bulletin de vote, c'est comme au supermarché, ça donne l'impression qu'on choisit quelque chose qu'on paie toujours aussi cher à la caisse.

Personne n'est irremplaçable, mais pour certains, il vaut mieux avoir une roue de secours.

La plupart des sociologues et psychologues sont des gens qui ont besoin d'écrire un livre qu'un conducteur de taxi vous résume en une phrase...

Les blondes ça met du temps à comprendre mais ça comprend toujours à la fin, l'inverse de la brune qui croit comprendre et qui n'y arrive jamais, pour cela qu'elle a l'air intelligente.

Une femme, on peut la perdre de multiples façons mais, si c'est dans un magasin, il existe un moyen de la retrouver, c'est de l'attendre à la caisse.

A la place d'une femme j'ai opté pour un lave vaisselle, ça lave bien et c'est silencieux !

Je ne suis pas pressé de rencontrer la mauvaise personne.

Elle fume pas, elle boit pas mais qu'est ce qu'elle est conne !

Je n'ai pas d'assurance vie, j'ai une âme !

Les gens gentils c'est bien mais ça ne sert pas à grand chose.

Paris est une pute de luxe / Casablanca une pute de rue.

Aujourd'hui, tout le monde est joignable mais plus personne n'est disponible !

Il y a deux avenues de vice dans le Paris du Samedi soir :
Les champs Elysées et l'allée de la Reine Margueritte au bois de Boulogne.

C'est pas parce que t'es une femme qu'il faut que tu sois conne !

La femme aime les miroirs mais ça ne remplace pas un homme.

Une femme, ça parle trop pour un homme, pour cela qu'elle a des amies qui l'écoutent.

Ecoute moi bien bonhomme : j' suis plus beau que toi, plus intelligent que toi, plus cultivé et plus fort que toi. Y a qu'un domaine où tu me surpasses : la connerie.

Une image parlante de la politique consiste à dire que tout le monde a une main droite et une main gauche mais que la majorité des gens sont droitiers… et que la main gauche n'est pas connue pour son habileté.

Il n'y a pas que les grands esprits qui se rencontrent, les cons aussi !

On devrait coter la connerie en bourse et titriser les cons.

Les embuscades c'est la traitrise qui s'habille en costume militaire.

La démocratie n'a pour elle que la liberté d'opinion; quant à celle de l'expression, on voit à qui elle échoie…

Une femme qui ne fait pas bander un homme c'est triste !

L'homme qui a inventé l'aspirateur devait détester les chats...

Ils avaient le phare d'Alexandrie, ils l'ont perdu, ils auront le phare de la connerie.

Une politique viable consiste à dire une chose, penser le contraire et ne rien faire...

Non merci, je n'ai ni l'envie, ni le temps, ni l'argent pour cela !

La France est un pays ingouvernable, c'est ce qui fait son charme et qui explique qu'elle a enduré plus d'une dictature, le seul moyen de mettre le chien sauvage en laisse est de lui passer la muselière ! Le premier à avoir eu cette idée machiavélique fut César. Il fut sage pour Rome mais dangereux à Alésia.

Les princesses demandent toujours plus, de sorte qu'elles ne sont jamais satisfaites et poussent l'homme dans ses retranchements.

Un homme ça commence avec l'étiquette du prince charmant puis ça finit en mari avec l'image du père fouettard...

Au fond de chaque femme il y a une pute, mais aussi il y a une mère.

Quand on me parle de quelqu'un en le présentant comme un grand homme (au sens admirable), je m'enquis instantanément de sa taille...

Un con qui dort, ça n'a pas l'air plus intelligent mais c'est déjà plus supportable.

Un con se reconnait à ceci qu'il est on ne peut plus sérieux quand il dit une connerie.

Les vieux ont la connerie qui se tasse, c'est pas mieux, c'est plus rigide quoi.

L'or et l'argent ça ne sert à rien mais il faut bien s'y faire sinon ils s'occupent de vous. Une femme c'est l'inverse, ça sert à tout mais il ne faut pas s'en faire.

Si le graal avait été en contreplaqué, on n'aurait pas eu Indiana Jones.

Un con en Mercedes c'est plus grave et plus scandaleux qu'un con en Twingo.

Vider une bouteille hors de prix sans s'en soucier. C'est raffiné si vous vous êtes ruiné pour l'avoir.

Le fabriquant fixe un prix avant de livrer. Le bourgeois le regarde avant d'acheter. Le voleur avant de s'en emparer. Le prolétaire pour en rêver ou pour en pleurer. Le seul qui s'en moque est le fou.

Alcaline et Duracel ont voulu faire concurrence au soleil pour lire l'heure. Qui va gagner entre les deux ?

Une femme en manque pose beaucoup de problèmes.

Une femme satisfaite c'est louche.

Un homme courageux ça arrive, un homme héroïque c'est rare.

ART

Bien souvent un artiste se croit légitimé par le succès qu'il a. Il devrait avoir pour seul point de repère son ressenti sur sa performance.

Un auteur qui désire donner vie à ses personnages se doit de les posséder, de s'en imprégner profondément, dès lors ils prennent leur place dans son imaginaire et se confonde au réel, voilà ce qu'on appelle une consistance faite de chaire et de sang, ce qui prend racine dans l'onirique et aboutit au palpable : la transfiguration.

C'est tellement plus simple d'être peintre !

Une seule œuvre ne présage bien souvent en rien de l'affinité que l'on aura avec l'artiste qui en est l'auteur.

La susceptibilité est souvent chez l'artiste, une conséquence de sa sensibilité.

Pour un artiste cependant, le jeu est inné, sa condition d'enfance le poursuivant à jamais, son refus d'une maturité adulte menaçant son intégrité propre.

Si l'Art est pris à ce point en passion en occident, c'est sans doute parce qu'il condense en lui-même l'essence spirituelle que le rationalisme a prohibé dans la vie moderne.

Des cris étouffés sortent de terre et se dissipent en volute de fumée. Seule le poète sait les percevoir et mettre des mots pour les retranscrire.

La poésie est lyre, la lire entraine, la réciter enivre, mais l'écrire déchire...

C'est la non reconnaissance et l'indifférence qui contraint le génie à un narcissisme vital.

On peut naitre artiste, on peut le devenir aussi par circonstances, mais rarement par déterminisme.

Si le spleen est si répandu parmi les artistes de premier plan c'est que leur niveau les a hissés proche d'un état sacré et d'ivresse et que vivre, dans un monde de niveau moyen et des pensées basiques, rend vite amer.

L'occident est triste car on ne sait plus y danser. Il ne faut pas aller chercher plus loin la chute d'une civilisation.

Un artiste doit, pour produire une œuvre de qualité qui reflète la quintessence de son âme, se laisser aller jusqu'à son extrême limite.

Il est tentant de se refuser à créer; car le génie des autres à ceci de contraignant qu'il complexe ses espoirs; alors il faut se révolter pour ne pas mourir étouffé par la grandeur des icônes, faire éclore le sien revient à se dresser sur un pied d'égalité, voir à surpasser ces références, à les tuer provisoirement en quelque sorte, du moins à les faire taire un instant dans son esprit.

Un véritable artiste est bien souvent un Christ : il est crucifié de son vivant, puis adulé de sa postérité.

Un artiste lucide fait du "business" pour publier sa production, un artiste pur se résout à mourir pour son œuvre, il n'y a pas de juste milieu entre les deux.

L'occident aura eu l'honneur de faire naitre Camille Claudel et, d'un même mouvement, la honte de l'avoir condamnée à l'asile.

L'art est un raccourci de vie.

Retoucher une œuvre magnifique, c'est la sublimer, le détail étant la touche de génie qui couronne la création.

Chanter élève et rapproche de la grâce. L'art connait cet état de fait, mais le chant est sans doute celui qui ouvre ces portes le plus rapidement parmi toutes ses catégories.

Et l'absence d'échos, le vide face à cette réalité, c'est le début de sa propre folie qui prend le pas sur la raison; elle se refuse à l'acceptation de cette condition. Là commence l'enfer d'une vie et sa sublimation profonde.

On est la conséquence profonde de sa création, une œuvre n'est pas un aboutissement; tout au plus un prolongement de ce que l'on est.

L'admiration est une ineptie, une sacralisation étouffante, un renoncement à sa propre réalisation.

Toute création doit brûler son auteur, sinon elle s'enfonce dans ses sentiments. De là on comprend qu'un artiste véritable est consumé par sa réalisation, à petits ou grand feu. Il faut adjuger qu'un authentique art donne « la fièvre ». Cela peut paraitre consternant pour les esprits « sains » mais la création requiert son lot de sacrifice.

A l'inverse, chez les artistes ternes et dépressifs, la chaleur se change en une surabondance de sentiments, ce qui laisse une œuvre mélancolique et nostalgique. Il n'est pas donné à tout le monde « d'allumer » le feu sacré créatif.

On pardonne tout à Camille Claudel.

La caractéristique de l'art c'est qu'il est tout et un en même temps. Parfois il se concentre en une discipline particulière, mais il reste pluriel et dans une œuvre, on peut y voir toutes les facettes artistiques qui s'expriment.

L'Art martial est à même d'éviter un grand nombre de questionnement. Il a le pouvoir de réconcilier l'âme et le corps dans une même osmose (voie).

Tout art est une sublimation des sens et de la conscience.

Ma création est lunaire puisqu'elle est imagée. Je dénomme principe lunaire l'image que reflète la science pure ou toute connaissance pointue traduite en mots compréhensibles et assimilables.

La foule sait aussi crucifier l'idolâtre.

La foule a ceci d'étrange que, en générale, elle est docile, mais que poussée dans ses retranchement ou ses humeurs, elle est capable de colère et d'emportement. Voilà pourquoi c'est le mouvement le plus craint des états.

La foule n'aime pas l'état mais les artistes.

Sautet, c'est l'histoire de gens qui s'approchent et se découvrent, se quittent et se retrouvent.

Une âme d'artiste ne peut, de part son essence même, quitter l'enfance et se faire au monde adulte. Socialement, cela l'amène à une périphérie, une condition solitaire qui peut se traduire par une folie lucide.

C'est parce qu'on le met en avant et que la société le porte au nu que l'art contemporain est laid.

Un art beau est un art utile. Aujourd'hui l'art contemporain, symbole de la dégénérescence porte l'opprobre sur tous les artistes. De cette confusion il est coupable.

Tout art requiert une parfaite maitrise de la technique pour mieux s'en passer et l'oublier. Cela tout grand artiste le sait et le pratique. La technique connait son handicap : le mécanisme, honni par toute création digne de ce nom.

Sautet se concentre sur les moments cruciaux d'une vie et évince les autres. De ce filtre émane ses films.

La culture ce n'est pas une accumulation de connaissance mais la mise en relation harmonieuse de celles-ci.

Ecouter, regarder sans juger, amène à la lucidité. et être lucide c'est être proche d'une certaine forme de folie.

Car l'artiste est seul mais il a besoin de cette cohésion avec autrui, il recherche l'échange, la reconnaissance et le respect de ce qu'il fait, lui qui doute en permanence.

POESIE

Donne moi une minute de plus et je la transformerai en éternité

Un jour j'irai trouver la paix, dans un champ de ruine je la trouverai, derrière ces barrières, cette ignorance balayée, la vérité à nue, loin de tous ces gens fous, j'irai trouver la folie, la pensée pure et jaillissante je marcherai vers cette lumière qui me montrera où est la raison, celle qui conduit à la chute de toutes mes pensées, à la fin de toutes les peurs.

Qui embrasse cette multitude de sentiments et d'émotions ? Toi, âme à la compréhension étendue ! Proximité quand elle ne s'apparente à de la promiscuité, et la solitude, paradoxalement assomme... Mon amertume raisonne dans cette incertitude, cette consistance qui s'épanche dans la déliquescence des sens !... Essence, ma transparence est elle si transe que tu ne la supportes ?

Les poètes comme les philosophes sont des amnésiques du sens de la vie.

A force ils finissent par ennuyer & on ne les écoute plus !

LUMIERE

Mystique pupille distille lueurs

Caustique écoutille fourmille de splendeurs

Relan du jour mourant dévoilant le carat

Lumière d'orient, caresse amère drapant d'apparat

Bréviaire d'antan sacralise l'air diffus

Atmosphère épaisse, contours fuyant aux réflexions nues

Destinée du couchant elliptique, terre et ciel embrasés

Fusion de passion, souffle d'ombres outragées

ONDE D'ORIENT

Lac, splendeur de sang

Ressac d'orient

Répand l'envie

Parfum de Safran

Nocturne emprunte de chaleur

Subtile et unique saveur

Crépuscule des tropiques du levant

Ici, loin de l'occident

Ma pensée se perd

Ma raison au travers.

FOLIE

Ô folie tu m'accules, bouscule ce somnambule !

Gronde ton vacarme, inonde le monde, désintègre, désagrège, vision délirante

Glissement qu'agrippe ma raison, l'accapare et s'en empare dans un cauchemar

Ta tempête s'étend et, d'un relan butoir, vacille ma conscience, étrille ma mémoire

Horreur, pente sublime de vertige, peur et chute terrifiante dans l'abîme déchirante

Déflagration assourdissante, raisonne puissante, pardonne ce silence alentour immoral !

Lumière qui s'estompe, mes sens s'y trompent, mes nerfs se rompent, ô transe fatale !

Cruel maléfice, répand sarcasmes, spasmes, ton fiel m'asphyxie, quel sacrifice !

Suprême étreinte, d'une grâce infernale, l'ultime plainte démène ta malice

Ô folie tu me brûles, moi, funambule incrédule !

LUNE

Une nuit d'oubli et de déni, Paris reflète l'ombre froide d'une âme infâme

Un rayon pâle, mon désarroi, comme au temps de Troyes, du guerrier à la foie

Les idoles creusées crient leurs passés reniés au son des teintes éthérées de sarcasmes

Ombres lourdes et polies reluisent au brillant maléfique de cette trame

L'esprit libre enchante l'entrainante mélancolie de marasmes

Quand d'une ombre éphémère transparait la senteur d'une flamme

Elle se presse, toute d'adresse, emplie de détresse

La lune éclaire ce spectre ancestral, infernal Kabale des vandales...

STROPHES APOSTROPHENT

Quitte l'équipage au-delà du ramage

Voit l'esprit intrépide aux élans de Satan

Etincelle les cuivres de ses diamants

Son trait amer recèle le carnage

PERLES DE SANG

Un jour j'irai trouver la paix, dans un champ de ruine je la trouverai, derrière ces barrières, cette ignorance balayée, la vérité à nue, loin de tous ces gens fous, j'irai trouver la folie, la pensée pure & jaillissante je marcherai vers cette lumière qui me montrera où est la raison, celle qui conduit à la chute de toutes mes pensées, à la fin de toutes les peurs.

Seul j'irai trouver le lieu de tous les calmes, le conditionnement, l'envie, le besoin, la faim, tout cela sera dépassé, dans l'extase je verrai & quand je toucherai de mes mains ce lieu perdu, enfoui de ma raison, mon regard se portera haut vers le ciel pur, recel d'éternité & de calme infini.

Ce jour la société se détruira, l'anarchie, la guerre le sang & la folie les emportera dans un vacarme & ce sera encore une fois le sang & les pleurs qui sonneront le glas des mensonges construits sur tous ces sacrifices;

& face à la lumière fragile, l'obscurité se répandra telle une cendre incandescente; elle brulera les hommes; elle répandra douleur & tourments tout autour; la morale n'existera plus; les principes que les hommes érigent de leur volonté se dissiperont dans cette fumée funeste.

Seul le sage restera & dans la mort qu'il attend avec sérénité il trouvera paix & recueil. Pour les autres : cris, larmes & fureur;

Je chercherai comment marcher, où aller & quand mes mots toucheront de leur présence tous mes sens & que je ne ferai qu'un, unité de mon esprit & de mon corps, je souffrirai; mais chaque pic, chaque coup sera une délivrance et un pas de plus sur le chemin, celui qui mène à ce ciel si beau, antinomie de la terre, du sol qui étouffe.

RENAISSANCE

Au Crépuscule de l'esprit, des sons distendus vibrent menaçant, ombres inquiétantes se détachant de l'obscurité, le noir s'étend, recouvre l'essence immaculée de la conscience. Le doute assaille la créature au plus profond de ses entrailles.

Puis un scintillement si éphémère que la raison s'y accroche avide; le néant sied de nouveau implacable; la désespérance reprend son chant lancinant et tortueux; était-ce une illusion, cruelle méprise !

Alors un nouvel éclair transparait, vif mais lumineux, quel est ce phare ? L'être s'avance, tâtonnant, l'espoir le guidant imperceptiblement, déjà les ténèbres s'éclairent, il lui semble distinguer une source; il s'approche, la lumière en jaillit, puissante, l'irradie et l'aveugle, Aurore de la renaissance, celle de l'éternelle innocence...

UNITE

Ah toi, traitresse de sentiments et d'émotions, tu apparais si bien qu'on croit te tenir à n'en plus finir et, comme lyre, disparais au seul instant de pensée, ton nom déjà prononcé se détourne émacié, onirique chimère, amer pathétique, te voilà qui t'échappe encore ! Que d'effort pour te reconquérir en vain ! Quelle aurore de poursuivre ton chemin ! Unité tu es un souffle d'or et de mort !